Das Recht an der Melodie

Von

Dr. Hans Nitze
Gerichtsassessor

Verlag von Duncker & Humblot
München und Leipzig 1912

Altenburg
Piererſche Hofbuchdruckerei
Stephan Geibel & Co.

Inhaltsverzeichnis.

Seite

Literaturverzeichnis . . . . IV—VIII

Erster Teil.

Materieller Teil.

Erster Abschnitt: Das Wesen des Rechtsschutzbedürfnisses der Melodie . . . . 3—12

Zweiter Abschnitt: Die Geschichte des Rechtes an der Melodie 13—25

Dritter Abschnitt: Die Entstehung, der Untergang und Übergang des Rechtes an der Melodie . . . . 26—37

Vierter Abschnitt: Der Gegenstand des Rechtes an der Melodie 38—60

Fünfter Abschnitt: Der Inhalt des Rechtes an der Melodie . . 61—90

Anhang: Schlußbetrachtung über die Abschnitte 4 und 5 . . . . 91—95

Zweiter Teil.

Formeller Teil.

Vorbemerkung: Die Rechtsverfolgung bei Verletzungen des Rechtes an der Melodie . . . . 99—101

Erster Abschnitt: Die zivilrechtlichen Rechtsbehelfe:

- Erstes Kapitel: Der Unterlassungsanspruch . . . . 102—104
- Zweites Kapitel: Der Schadensersatzanspruch . . . . 105—108
- Drittes Kapitel: Der Bereicherungsanspruch . . . . 109—110
- Viertes Kapitel: Die Feststellungsklagen . . . . 110—113
- Fünftes Kapitel: Die einstweilige Verfügung . . . . 113—114
- Anhang zu Kapitel 1—5: Die Zuständigkeit der Gerichte. . 114—115

Zweiter Abschnitt: Der strafrechtliche Schutz:

- Erstes Kapitel: Die vorsätzliche unbefugte Vervielfältigung, gewerbsmäßige Verbreitung und öffentliche Aufführung . 116—122
- Zweites Kapitel: Der Anspruch auf Buße . . . . 122—123
- Drittes Kapitel: Die Vernichtung und Übernahme von Notenexemplaren und Vorrichtungen . . . . 123—127

Anhang zu Teil 1 und 2: Die musikalischen Sachverständigenkammern . . . . 128—127

Dritter Teil.

Das Recht an der Melodie im internationalen Urheberrecht.

Erstes Kapitel: Die internationale Rechtsverfolgung bei Verletzungen des Rechtes an der Melodie im allgemeinen. . . . . 133—135

Zweites Kapitel: Das Recht an der Melodie in der Revidierten Berner Übereinkunft und in den Sonderliterarverträgen Deutschlands . . . . 135—142

Seite

Drittes Kapitel: Das Recht an der Melodie in den Verbandsstaaten der Revidierten Berner Übereinkunft . . . . 143—145

Viertes Kapitel: Das Recht an der Melodie in Österreich-Ungarn und in Amerika . . . . 149—151

Fünftes Kapitel: Die internationale Rechtsverfolgung bei Verletzungen des Rechtes an der Melodie unter Berücksichtigung der Revidierten Berner Übereinkunft und der Sonderliterarverträge Deutschlands . . . . 152—157

Berichtigung:

Seite 26 Zeile 12 von oben lies: Vortrag statt Vertrag.

Literaturverzeichnis[1].

D'Albert, Die Verwertung des musikalischen Aufführungsrechts in Deutschland, Jena 1907.

Allfeld, Kommentar zu den Gesetzen vom 19. Juni 1901, betreffend das Urheberrecht an Werken der Literatur und Tonkunst und über das Verlagsrecht, München 1902.

von Anders, Beiträge zur Lehre vom literarischen und artistischen Urheberrecht, Insbruck 1881.

de Andersona, Tratado de la propietad intelectual en España, 1894.

Bauer, Das musikalische Urheberrecht, Leipzig 1890.

Baudin, Le droit des compositeurs de musique sur l'exécution de leurs œuvres en droit français (thèse), Paris 1906.

Benoidt et Descamps, Commentaire législatif de la loi du 22. Mars 1886 sur le droit d'auteur, Brüssel 1886.

Beseler, System des gemeinen Deutschen Privatrechts 2, 4. Aufl., Berlin 1885.

Bettelheim, Das Immaterialgüterrecht auf Grundlage der österreichischen Gesetzgebung, in: Das österreichische Recht, ein Hilfsbuch für praktische Juristen, Beamte usw., 2, Wien 1905.

Birkmeyer, Die Reform des Urheberrechts, Kritische Bemerkungen, München 1900.

Blanc, Traité de la contrefaçon en tous genres, 4. ed., Paris 1855.

Bluntschli, Deutsches Privatrecht, München 1864.

Bock, Das Aufführungsrecht an dramatischen und musikalischen Werken, Berlin 1907.

Bowker, Copyrigth, its law and its literature, London 1886.

von Calker, Die Delikte gegen das Urheberrecht, nach deutschem Reichsrecht dargestellt, Halle 1894.

von Calker, Kritische Bemerkungen zu dem Entwurf eines Gesetzes, betreffend das Urheberrecht, Halle 1900.

Carpentier, Codes et les lois pour la France, 8 ed., Paris 1904.

Cattreux, Étude sur le droit de propriété des œuvres dramatiques et musicales, Brüssel-Paris 1883.

Challier, Das Urheberrecht au Werken der Tonkunst, Berlin.

Chausetti, De la reproduction du motif musical, Paris 1892.

Collin, Le droit des auteurs et des artistes en droit romain, en droit français et en droit international.

Copinger, The law of Copyrigth in works of literature and art, 4 ed., London 1904.

Crome, System des Deutschen Bürgerlichen Rechts 4, Tübingen 1908.

Cutler, Manuel of musical copyrigth law, London 1906.

---

[1]) Ausführliches Literaturverzeichnis siehe: Crome, System 4, 1; Dernburg, Bürgerliches Recht 6, 6 Note 2 und 3; Gierke, Deutsches Privatrecht 1, 749; Klostermann, Geistiges Eigentum 86 ff.; Stobbe-Lehmann, Deutsches Privatrecht 3, 4 ff.; Wächter, Verlagsrecht § 8.

Cutler, Smith and Weatherley, The law of musical and dramatic copyrigth, London 1890.

Dambach, Die Gesetzgebung des Norddeutschen Bundes, betreffend das Urheberrecht an Schriftwerken, Abbildungen, musikalischen Kompositionen und dramatischen Werken, Berlin 1871.

Darras, Des droits intellectuels I. Du droit des auteurs et des artistes dans les rapports internationaux, Paris 1887.

Daude, Lehrbuch des deutschen literarischen, künstlerischen und gewerblichen Urheberrechts, Stuttgart 1888.

Daude, Die Reichsgesetze über das Urheberrecht an Werken der Literatur und der Tonkunst und das Verlagsrecht vom 19. Juni 1901, Berlin 1910.

Daude, Gutachten der Königlich Preußischen Sachverständigenkammern für Werke der Literatur und Tonkunst aus den Jahren 1901—1907, Berlin 1907.

Dernburg, Das Bürgerliche Recht des Deutschen Reichs und Preußens 4, Urheber-, Patent-, Zeichenrecht; Rechtsverfolgung, Halle 1908.

Dunant, Du droit des compositeurs de musique sur leurs œuvres, Genève 1893.

Dungs, Lehrbuch des Urheberrechts an Werken der Literatur und Tonkunst, Berlin 1910.

Dungs, Die Berner Übereinkunft über internationales Urheberrecht, Berlin, Guttentag 1910.

Endemann, Das Gesetz betreffend das Urheberrecht an Schriftwerken vom 11. Juni 1870, Berlin 1871.

Fuchsberger, Die Entscheidungen des Reichsoberhandelsgerichts und Reichsgerichts 6, die Gesetze über das Urheberrecht, Gießen 1885, Suppl.-Bd. 1893.

Fuchsberger, Die Entscheidungen des Reichsgerichts usw. 6. Gewerbliches und geistiges Urheberrecht, 2. Aufl., bearbeitet von Neuberg, Gießen 1911.

Gerber, System des Deutschen Privatrechts, 8. Aufl., Jena 1863.

Gierke, Deutsches Privatrecht 1, Leipzig 1895.

Hitzig, Das Königl. Preußische Gesetz vom 11. Juni 1837 zum Schutze des Eigentums an Werken der Wissenschaft und Kunst gegen Nachdruck und Nachbildung, Berlin 1838.

Hoffmann, Der Gegenstand des musikalischen Urheberrechts mit besonderer Berücksichtigung des Rechtes an der Melodie, Diss. Leipzig 1908.

Jolly, Die Lehre vom Nachdruck, Heidelberg 1852.

Kadlec, Das Aufführungsrecht an dramatischen und musikalischen Werken in: Immaterialgüter (später Neuzeit) Zeitschrift für Urheber-, Patent- usw. Schutzrecht. 1. Jahrgang, Berlin 1892.

Kasteele, Het auteursrecht in Neederland, 1881.

Klostermann, Das geistige Eigentum an Schriften, Kunstwerken und Erfindungen 1, Berlin 1867.

Klostermann, Das Urheberrecht an Schrift- und Kunstwerken 2, Berlin 1876.

Kohler, Das Autorrecht, eine zivilistische Abhandlung, Jena 1880 (siehe auch Iherings J. 18).

Kohler, Das literarische und artistische Kunstwerk und sein Autorschutz, Mannheim 1892.

Kohler, Urheberrecht an Schriftwerken und Verlagsrecht, Stuttgart 1907.
Kramer, Die Rechte der Schriftsteller und Verleger, Heidelberg 1827.
Kremer, Das ausschließliche Recht des Urhebers an der Melodie, Diss. Erlangen 1891.
Kuhlenbeck, Das Urheberrecht an Werken der Literatur und Tonkunst und das Verlagsrecht, Leipzig 1901.
Kuhn, Der Gegenstand des Melodieschutzes, Diss. Leipzig 1909.
Lamprecht, Deutsche Geschichte. Erster Ergänzungsband. Zur jüngsten deutschen Vergangenheit, Berlin 1902.
Lindemann, Das Urheberrecht, Textausgabe mit Anmerkungen, 3. Aufl., Berlin, Guttentag 1910.
Mandry, Das Urheberrecht an literarischen Erzeugnissen und Werken der Tonkunst, ein Kommentar zu dem Königl. bayrischen Gesetze vom 28. Juni 1865, Erlangen 1867.
Mitteis, Zur Kenntnis des literarisch-artistischen Urheberrechts nach dem österreichischen Gesetz vom 26. Dezember 1895, Stuttgart 1898.
Müller, Das Deutsche Urheber- und Verlagsrecht 1, München 1901.
von Orelli, Das Schweizerische Bundesgesetz, betreffend das Urheberrecht vom Jahre 1882, Zürich 1884.
Opet, Deutsches Theaterrecht, Berlin 1897.
Osterrieth, Altes und Neues zur Lehre vom Urheberrecht, Leipzig 1892.
Osterrieth, Geschichte des Urheberrechts in England mit einer Darstellung des geltenden englischen Urheberrechts, Leipzig 1895.
Piola Caselli, Del diritto di autore, 1907.
Pouillet, Traité théorique et practique de la propriété littéraire, artistique et du droit de répresentation, 2. ed., Paris 1894.
Reichel, Gutachten über das musikalische Urheberrecht in der Schweiz, 1892.
Renouard, Traité des droits d'auteurs dans la littérature, les sciences et les beaux arts I: Paris 1838, II: 1839.
Riezler, Deutsches Urheber- und Erfinderrecht, 1. Abt., München und Berlin 1910.
Rosmini, Legislatione et giurisprudenza sui diritti d'autore, Milano 1890.
Röthlisberger, Gesetze über das Urheberrecht in allen Ländern, 2. Aufl., Leipzig 1902.
Röthlisberger, Der interne und der internationale Schutz des Urheberrechts, 2. Aufl., Leipzig 1904.
Röthlisberger, Die Berner Übereinkunft zum Schutze von Werken der Literatur und Kunst, Bern 1906.
Röthlisberger, Die Sonderliteraturverträge des Deutschen Reichs, Bern 1909.
Scheele, Das Deutsche Urheberrecht an literarischen, künstlerischen und photographischen Werken, Leipzig 1892.
Schmidt, Das Österreichische Urheberrecht an Werken der Literatur, Kunst und Photographie, Leipzig 1906.
Schneider, Der Schutz des musikalischen Kunstwerkes in der Schweiz, Zürich 1895.
Schuster, Das Urheberrecht der Tonkunst, München 1891.
Schuster, Grundriß des Urheberrechts, Leipzig 1899.
Scrutton, The laws of the copyrigth, 4. ed., London 1903.

Slater, The law relating to copyrigth and art, 2. ed., London 1884.
Stobbe-Lehmann, Handbuch des Deutschen Privatrechts 3, 3. Aufl., Berlin 1898.
Tappert, Wandernde Melodien, 2. Aufl., Berlin 1889.
Vesque von Püttingen, Das musikalische Autorrecht. Eine juristisch-musikalische Abhandlung. Wien 1864.
Voigtländer, Die Gesetze betreffend das Urheberrecht und das Verlagsrecht an Werken der Literatur und Tonkunst vom 19. Juni 1901, Leipzig 1901.
Wächter, Das Verlagsrecht, Stuttgart 1857, 1858.
Wächter, Das Autorrecht nach dem gemeinen Deutschen Recht, Stuttgart 1875.
Wächter, Das Urheberrecht an Werken der bildenden Künste, Photographien und gewerblichen Mustern, 1877.
Wauwermans, Le droit des auteurs en Belgique, Brüssel 1894.
Weimann, Zur Struktur der Melodie, Diss. München 1904.
Wolf, Das musikalische Motiv, Bonn 1891.

Materialien, Sammlungen von Entscheidungen, Veröffentlichungen von Vereinigungen und Zeitschriften.

Erster Entwurf = Entwurf eines Gesetzes, betreffend das Urheberrecht an Werken der Literatur und Tonkunst. Amtliche Ausgabe, Berlin, Guttentag 1899.
Zweiter Entwurf = Regierungsvorlage mit Begründung: siehe Reichstagsverhandlungen 10. Legislaturperiode II. Session 1900/1901 Nr. 97 der Drucksachen. Seite 391.
Kommissionsbericht = Kommissionsberichte der XI. Kommission, siehe ebenda Nr. 214 der Drucksachen.
Erste Beratung: ebenda, S. 521 ff.
Zweite und dritte Beratung: ebenda: Stenographische Berichte Seite 2142 ff., 2174 ff., 2211 ff., 2432 ff., 2458 ff., 2490 ff.
Abänderungsvorschläge des Vereins der deutschen Musikalienhändler zu dem Entwurf, betreffend das Urheberrecht vom 16. September 1899.
Denkschrift zu dem Entwurf eines Gesetzes betreffend das Urheberrecht, GewRSchutz 1901.
Musikhandel und Musikpflege, Mitteilungen des Vereins der Deutschen Musikalienhändler zu Leipzig 1902, 1907.
Börsenblatt für den deutschen Buchhandel und verwandte Geschäftszweige, Leipzig 1909.
I. A. Seufferts Blätter für Rechtsanwendung = SeuffBl.
Entscheidungen des Reichsgerichts in Zivilsachen = RGZ.
Entscheidungen des Reichsgerichts in Strafsachen = RGSt.
Entscheidungen des Reichsoberhandelsgerichts = ROHG.
Rechtsprechung des deutschen Reichsgerichts in Strafsachen = RGRspr.
Deutsche Juristen-Zeitung = DJZ.
Das Recht, Rundschau für den deutschen Juristenstand = Recht.
Juristische Wochenschrift = JW.
Archiv für die zivilistische Praxis, = ArchZivPrax.
Archiv für bürgerliches Recht, = ArchBürgR.

Beiträge zur Erläuterung des deutschen Rechts. Begründet von Gruchot = Gruchots Beitr.

Gewerblicher Rechtsschutz und Urheberrecht = GewRschutz.

Zeitschrift für das gesamte Handelsrecht. Begründet von Goldschmidt = GoldschmidtsZ.

Zeitschrift für deutschen Zivilprozeß. Begründet von Busch, = BuschsZ.

Archiv für Strafrecht und Strafprozeß. Begründet von Goltdammer, = GoltdArch.

Le droit d'auteurs, Organe officiel du bureau de l'Union internationale pour la protection des œuvres littéraires et artistiques = Le Droit d'auteur.

Die Abkürzungen entsprechen den Vorschlägen des Deutschen Juristentages.

Erster Teil.

(Materieller Teil.)

Erster Abschnitt.

Das Wesen des Rechtsschutzbedürfnisses der Melodie.

Seit dem Zeitalter des Klassizismus ist auf dem Gebiete der Musik unter den modernen Kulturvölkern das Deutsche Volk das erste und führende. Einem Händel und Bach, Mozart und Beethoven, Brahms und Wagner kann kein anderes Volk auch nur ähnliche Geistesheroen an die Seite stellen. Während aber die Gesetzgebung in alle Zweige menschlichen Schaffens rechtend und richtend eingegriffen hat und einen jeden vor Übergriffen in seine Rechte schützt, hat sie den Werken der Tonkunst erheblich spät den ihnen gebührenden Schutz angedeihen lassen. Sie hat dies heikle und flüssige Gebiet nur ungern beschritten und hier erst in der neuesten Zeit einige Ordnung geschaffen.

Bei der Regelung des musikalischen Urheberrechts tauchte nun zum ersten Male in der deutschen Gesetzgebung »das Recht an der Melodie« auf — ein Begriff, der der Wissenschaft und insbesondere der französischen Rechtsprechung als »droit de mélodie« seit Jahrzehnten geläufig war. Daß dieses Recht an der Melodie in dem Gesetz, betreffend das Urheberrecht an Werken der Literatur und Tonkunst vom 19. Juni 1901 in § 13 Abs. 2 Aufnahme gefunden hat, bedeutet einen weiteren Erfolg in dem Bestreben, den Geisteswerken einen immer umfassenderen Schutz gegen unzulässige Ausbeutung zu gewähren und auch den Komponisten die materiellen Erfolge ihres Schaffens in vollem Umfange zu sichern. Denn der Arbeiter auf dem Felde der Wissenschaft und Kunst hat nicht minder einen im Recht begründeten Anspruch auf angemessene Entlohnung seiner Tätigkeit als der Produzent rein materieller Werte. Zwar ist der Zweck des Wirkens und Schaffens des Komponisten nicht bloß der materielle Gewinn, doch kann auch er gegenüber der Berechtigung des Publikums zur Benutzung der ihm gebotenen geistigen Nahrung nicht völlig rechtlos hinsichtlich der materiellen

Seite seiner Tätigkeit dastehen. »Auch die geistige Arbeit setzt den Besitz materieller Mittel voraus« [1]). Diese werden ihm aber in erheblicher Weise geschmälert, wenn es jedem Komponisten gestattet ist, fremde Melodieen in Kompositionen jedweder Kunstgattung zu verwerten und aus dieser Verwertung fremden Geistesgutes materielle Vorteile zu ziehen, an denen der Originalkomponist der Melodie keinen Anteil hat. Es muß daher dem Komponisten die Möglichkeit gegeben werden, in der Erzeugung seiner geistigen Produkte auch die Quelle seines ungeschmälerten materiellen Erwerbes zu finden, indem deren pekuniäre Verwertung nur ihm vorbehalten bleibt und indem sie vor fremden unerlaubten Eingriffen geschützt werden. Das kommt dem Publikum selbst nur wieder zugute, das sich dadurch einer gesteigerten Hervorbringung von meist wertvolleren Originalkompositionen zu erfreuen hat.

Diese Idee, daß der Erzeuger eines Geisteswerkes auch die materiellen Früchte seines Schaffens in vollem Umfange zu genießen berechtigt sei wie jeder andere Produzent, ist nur ganz allmählich in das allgemeine Rechtsbewußtsein und in die Gesetzgebung eingedrungen. So hat es denn auch nicht an heftigen Kämpfen in der Wissenschaft und unter den Interessentenkreisen — Musikalienhändlern wie Komponisten — gefehlt, bis man zur gesetzlichen Anerkennung des Rechtes an der Melodie gelangt ist; man erachtete bald die ideelle, persönliche Seite des geistigen Schaffens des Komponisten, bald die dadurch gewährleisteten wirtschaftlichen Vorteile als ausschlaggebend. Will man aber das Recht an der Melodie nur nach seiner persönlichen Seite beurteilen, so wird man seiner wirtschaftlichen Seite nicht gerecht. Läßt man jedoch nur die wirtschaftlichen Interessen entscheiden, so müßte man dazu kommen, dem Komponisten nur die wirtschaftliche Nutzung seiner Werke rechtlich zu schützen; man dürfte aber nicht sagen, der Komponist sei auch berechtigt, eine jede seinem

[1]) Vesque von Püttlingen, Autorrecht 1.

Willen nicht entsprechende Benutzung und Veröffentlichung seiner Werke zu verhindern. Und doch ist das Recht an der Melodie bereits verletzt, und es ergeben sich Rechtsfolgen aus dieser Verletzung, wenn die Melodie in erkennbarer Weise einem Werke der Tonkunst entnommen und einer neuen Arbeit zugrunde gelegt ist, gleichviel ob der Benutzer der Melodie hieraus einen wirtschaftlichen Vorteil gezogen hat oder nicht.

Über das Wesen des Rechtsschutzbedürfnisses der Melodie ist man sich danach durchaus nicht im klaren. Es hängt dies aber eng zusammen mit der Unsicherheit in der begrifflichen Erfassung der Immaterialgüter im allgemeinen. Hier nämlich handelt es sich um Rechtsgüter, die dem älteren Privatrecht gänzlich unbekannt und von ihm mannigfach verschieden sind. Es sind keine reinen Forderungsrechte, deshalb weil sie unkörperlich sind; das Rechtsgut wird vielmehr um der Originalität seiner Ideen willen geschützt. Insofern sind sie allerdings wieder den quasidinglichen Rechten verwandt. Die Rechte an solchen Gütern sind aber hinwiederum nicht bloße Eigentumsrechte, sondern nach Entstehung, Fortbestand und Untergang eigenartigen, besonderen Inhalts. Schließlich aber spielen in die rein vermögensrechtlichen Momente solche höchst personenrechtlicher Natur — die sog. Individualrechte — hinein. — Man ist infolgedessen hinsichtlich der rechtlichen Konstruktion der im Urheberrechte geschützten Rechtsgüter zu einer einheitlichen Auffassung noch nicht gekommen. Über die rechtliche Natur des Urheberrechts im Allgemeinen muß aber Klarheit herrschen, wenn man die speziellere Frage beantworten will, welche Gründe einen Schutz des Rechtes an der Melodie rechtfertigen.

Die über das Wesen des Rechtsschutzbedürfnisses des Urheberrechts als solchen in der Theorie aufgestellten Meinungen lassen sich heute in vier besondere Gruppen teilen. Wir sehen hierbei ab von den zur Zeit Pütters[2]) herrschenden

[2]) Pütter, Der Büchernachdruck nach echten Grundsätzen des Rechts, Göttingen 1774.

Ansichten vom geistigen Diebstahl und der völlig veralteten Privilegientheorie[3]), die von Gerber (Reflextheorie) besonders vertreten wurde. Als älteste dieser vier Theorien kommt in Betracht:

1. Die Theorie des geistigen Eigentums.

Sie ist die noch heute in den romanischen Ländern und insbesondere in Frankreich herrschende Theorie und wird vor allem von Osterrieth[4]) vertreten. Sie betrachtet das Urheberrecht als ein dem Eigentum an körperlichen Sachen analoges Recht. In neuester Zeit ist dieser bereits überwundenen Theorie in Dernburg[5]) ein neuer Verfechter entstanden. Er bezeichnet das Eigentum an einer Geistesschöpfung als das ausschließliche Recht der Verfügung und Verwertung hinsichtlich geistiger Schöpfungen, ohne dabei den Unterschied zwischen Sach- und geistigem Eigentum zu verkennen. Die Unhaltbarkeit dieser Theorie ergibt sich aber schon aus der einfachen Tatsache, daß Erwerb, Ausübung und Verlust des Sacheigentums ganz anders geartet sind als beim sog. „geistigen Eigentum". Trotzdem jedoch reden noch heute viele Lehrbücher und Kommentare von den „Gesetzen zum Schutze des geistigen Eigentums"[6]).

Sodann kommt in Betracht:

2. Die Theorie des reinen Vermögensrechts.

Sie ist eigentlich eine Unterart der Theorie des geistigen Eigentums. Ihr Hauptvertreter ist Klostermann[7]). Man sieht

[3]) Vergl. Schürmann, Die Rechtsverhältnisse der Autoren und Verleger. Halle a. S. 1889.

[4]) Osterrieth, Altes und Neues 78 ff.; ferner: Eisenlohr, Das literarisch-artistische Eigentum und Verlagsrecht, Schwerin 1855, 42 ff.; von Freydorf, Autorrecht und Rechtssystem, München 1894, 117 ff.; Stobbe-Lehmann, Deutsches Privatrecht (ältere Auflagen) 13 ff.

[5]) Dernburg, Bürgerliches Recht 3 (3) 35 ff.; dagegen daselbst Kohler, als Herausgeber dieses Bandes, S. 223: er nennt das Zusammenwerfen des Immaterialgüterrechts mit dem Eigentum ein Chaos, das man nicht geistiges Eigentum nennen könne.

[6]) Z. B. Stengleins neueste, 4. Auflage, seines Kommentars zu den strafrechtlichen Nebengesetzen des Deutschen Reiches, 1.

[7]) Klostermann, Urheberrecht 23 ff.; Geistiges Eigentum 7 ff., 112 ff.;

in der wirtschaftlichen Nutzung den wichtigsten Bestandteil des Urheberrechts und erklärt diese Auffassung auch mit seiner geschichtlichen Entwicklung, indem zunächst in der Hauptsache nur die ausschließliche Vervielfältigung geschützt gewesen sei.

Ferner hat viel Anerkennung gefunden:

3. Die Theorie des Persönlichkeitsrechts.

Ihr Begründer ist Gierke[8]). Nach ihm ist die das Urheberrecht begründende Urheberschaft das wichtigste Moment des Urheberrechts. Die vermögensrechtliche Nutzung kommt erst in zweiter Linie. Objekt des Urheberrechts ist das Geisteswerk nicht in allen seinen rechtlichen Beziehungen, sondern nur insoweit als es Persönlichkeitsgut seines Schöpfers ist und bleibt. »In dem Rechte an ihm wird also dem Urheber die Herrschaft über einen Bestandteil der eigenen Persönlichkeitssphäre gegen Jedermann gesichert«[9]).

Die jüngste der Urheberrechtstheorien ist schließlich:

4. Die Theorie des Immaterialgüterrechts mit individualrechtlichen Beziehungen.

Diese Theorie ist von Kohler[10]) begründet und von ihm ausgebaut. Sie hat als die heute in der Hauptsache herrschende zu gelten und hat in den verschiedensten Bestim-

ferner: Wächter, Autorrecht 3 ff.; Urheberrecht 29 ff.; Kramer, Rechte der Schriftsteller 20 ff.; Jolly, Lehre vom Nachdruck 40 ff.; von Anders, Beiträge 130 ff.; Mandry, Urheberrecht 99 ff.; Förster-Eccius, Preußisches Privatrecht 2 (7) § 153; Stobbe-Lehmann 2, 33 u. a.

8) Gierke, Deutsches Privatrecht 760 ff.; ferner: Beseler, Deutsches Privatrecht 2 § 210; Bluntschli, Deutsches Privatrecht 46 ff.; Gareis in Goldschmidts Z. 35, 184 ff. u. a.

9) Gierke § 85, S. 765.

10) Kohler, Die Idee des geistigen Eigentums in ArchZivPrax. 82, 141 ff.; Zur Konstruktion des Urheberrechts in ArchBürgR. 10, 241 ff.; Enzyklopädie der Rechtswissenschaft 1 (6) 621 ff.; vergl. auch Urheberrecht 1 u. 13 unter 3; Kunstwerk 1; Autorrecht 74, 129; ferner: Crome, System 4, 4 ff.; Mitteis, Urheberrecht 94; Regelsberger, Pandekten 1, 204 u. a.; a. M.: Gierke 1, 763 Anm. 60; Beseler § 210 Anm. 8; Lehmann in Goldschmidts Z. 42, 345 (dagegen Kohler daselbst 47, 308), die gegen eine solche Zerreißung des Urheberrechts sind, die das Gesetz nicht gewollt habe.

mungen des Gesetzes Ausdruck gefunden; sie wird auch sowohl den ideellen wie den vermögensrechtlichen Interessen des Urhebers gerecht.

Nach Kohler ist das Urheberrecht ein Immaterialgüterrecht, d. h. »ein Recht an einem außerhalb des Menschen stehenden, aber nicht körperlichen, nicht faß- und greifbaren Rechtsgute« [11]). Er führt die äußeren Erscheinungsformen eines Werkes auf die innere Anschauung des Schöpfers zurück, auf den individuellen Ideeninhalt, den er als »immaginäres Bild« bezeichnet. Das Wesen dieses immaginären Bildes gewinnt er dadurch, daß er die Elemente ausscheidet, die für den Schutz nicht in Betracht kommen, wie in der Musik das Motiv und die äußeren Erscheinungsformen (Rhythmus, Harmonie, Klangfarbe, Klangstärke usw.). Er charakterisiert es „als die individuelle Weise, in welcher der Künstler seinen Stoff idealisiert, in Idealweise gebildet hat" [12]). Kohler unterscheidet demgemäß ein Individualrecht oder Persönlichkeitsrecht und ein Immaterial-Güterrecht, als einem von der Person gelösten Vermögensrechte. Damit vertritt er einen ähnlichen Standpunkt, wie er bereits die Preußische Urheberrechtsgesetzgebung von 1837 beherrscht hat. Denn nach Heydemann [13]) hat der Schutz des „literarischen Eigen-

---

[11]) Diese immaterielle Natur des Urheberrechts ist zuerst von Schopenhauer, Neue Parerga und Paralipomena § 270 (Reklam 176), betont worden: Das Eigentum an dem Gedankenwerke eines Autors »ist nicht wie jedes andere ein materielles, sondern ein geistiges, immaterielles. Er muß es mitteilen können, ohne sein Eigentumsrecht gefährdet zu sehen: und da Mitteilung nur durch materielle Mittel geschehen kann, welche als solche sein Eigentum (das mitzuteilende Materielle) dem Raube aussetzen, so muß diesem durch die Gesetze vorgebeugt werden, deren Charakter ein ganz eigentümlicher und spezieller sein wird, weil in diesem Falle ein immaterielles Eigentum ihr Gegenstand ist. . . .«

[12]) GewRSchutz 1909, 56: Osterrieth, Kohlers Bedeutung für die Lehre vom Urheberrecht.

[13]) Sammlung der Gutachten des Königlich Preußischen Sachverständigen-Vereins, Berlin 1848, S. XV. Anmerkung:

Die Gutachten des ehemals Königlich Preußischen Literarischen Sachverständigen-Vereins und der jetzigen Königlich Preußischen Sachverständigen-Kammer für Werke der Literatur und Tonkunst sind in folgenden Sammlungen herausgegeben:

tums« nach dem Gesetz von 1837 eine doppelte Seite: »eine vermögensrechtliche und eine persönliche. Die vermögensrechtliche Seite besteht in dem Schutze der pekuniären Vorteile des Autors (bezw. des Verlegers) durch die Ausbeutung seines Eigentümers. Die persönliche Seite besteht in dem Schutze der persönlichen Willensfreiheit gegen jeden Eingriff durch eine von dem Autor nicht gewollte (oder nicht durch Verlagsvertrag) zugelassene Veröffentlichung oder Vervielfältigung des Geisteswerkes«. — Der Begriff »Eigentum« ist hierbei im Sinne des Preußischen Landrechts aufzufassen, ALR. Teil I Titel 8 §§ 1, 2, 9, 17, 18. Dieses beschränkt den Begriff »Eigentum« nicht, wie das römische Recht, auf körperliche Sachen, sondern erkennt auch an Rechten im weitesten Sinne des Wortes ein volles Eigentum an. Es erklärt als Gegenstand des Eigentums »alles, was einen ausschließenden Nutzen gewähren kann«; es nennt Eigen-

---

I. Heydemann, Sammlung der Gutachten des Königlich Preußischen Literarischen Sachverständigen-Vereins. Berlin 1848.
II. Heydemann-Dambach, Die Preußische Nachdrucksgesetzgebung. Berlin 1863.
III. Dambach, Gutachten des Königlich Preußischen Sachverständigen-Vereins über Nachdruck und Nachbildung aus den Jahren 1864--1873. Leipzig 1874.
IV. Dambach, Fünfzig Gutachten über Nachdruck und Nachbildung aus den Jahren 1874 -1889. Leipzig 1891.
V. Daude, Gutachten der Königlich Preußischen Sachverständigen-Kammer für Werke der Literatur und Tonkunst aus den Jahren 1901—1907. Berlin 1907.

Die erste Ausgabe der Gutachten aus dem Jahre 1848 ist in der Ausgabe von 1863 wieder abgedruckt. Sie enthalten ebenso wie die 1874 herausgegebenen Gutachten keine solchen über das musikalische Urheberrecht. Erst die 1891 herausgegebenen Gutachten enthalten einige wenige über dieses Rechtsgebiet. Es liegt dies darin begründet, daß das Preußische Urheberrechtsgesetz von 1837 und das Urheberrechtsgesetz von 1871 nur ganz allgemeine Bestimmungen über das musikalische Urheberrecht enthalten, die die Rechte der Komponisten bzw. ihrer Verleger nur oberflächlich und in geringem Umfange schützen. Nachdem erst das Urheberrechtsgesetz von 1901 umfangreichere Vorschriften hierüber aufgenommen hat, ist auch die Königlich preußische Sachverständigen-Kammer in erhöhtem Maße zu Gutachten über Fragen aus dem musikalischen Urheberrecht herangezogen worden, wie die von ihrem Vorsitzenden, Geh. Reg.Rat Daude, herausgegebene Gutachtensammlung beweist.

tümer denjenigen, »welcher befugt ist, über die Substanz einer Sache oder eines Rechtes mit Ausschließung Anderer aus eigener Macht zu verfügen«, und es bestimmt, daß »auch der Eigentümer eines Rechtes dieses sein Eigentum gegen jeden Anmaßer deshalb verfolgen kann«. — ALR. Teil I Tit. 8 §§ 1, 2; Tit. 15 § 3. —

Die von Kohler vertretene Doppelnatur des Urheberrechts ist nun die in dem Wesen des Urheberrechts allein begründete. Der rechtliche Grund, die Werke der Literatur und Tonkunst mit Rechtsschutz auszustatten, ergibt sich aus dem Bedürfnisse, dem Urheber sowohl seine ideellen wie materiellen Interessen unter Berücksichtigung der Interessen der Allgemeinheit zu sichern. Man muß also von dem Individualrecht die vermögensrechtlichen Bestandteile als ein selbständiges Recht trennen. Zweifellos aber ist danach dieses Recht nicht dem Eigentum an körperlichen Gegenständen vergleichbar: inbezug auf Erwerb und Ausübung des Rechts ergeben sich die größten Unterschiede; es ist nur in bestimmten positiven und negativen Beziehungen geschützt, nicht der Substanz nach übertragbar und zeitlich beschränkt. Schon das Reichsoberhandelsgericht sagt zur Konstruktion des Urheberrechts: Das Urheberrecht kann nicht dem Eigentum an körperlichen Sachen gleichgestellt werden, weil es des greifbaren Objektes entbehrt [14]). Die Anhänger der Vermögensrechtstheorie hinwiederum werden nicht der personenrechtlichen Seite des Urheberrechts gerecht. Die Möglichkeit der Übertragbarkeit stempelt das Urheberrecht noch nicht zum reinen Vermögensrecht; der Anspruch auf Schutz seiner höchst persönlichen Interessen bleibt stets beim Urheber und geht nicht auf den Erwerber über. Deshalb ist auch der Komponist, der ein Verlagsrecht eingeräumt hat, stets neben dem Verleger befugt, Urheberrechtsverletzungen, die in seine höchst persönlichen Rechte eingreifen, zu verfolgen. Andererseits aber müssen auch die ideellen

---

[14]) ROHG. 23, 69; 22, 69—71: vergl. Fuchsberger, Entscheidungen 6 (1) 71; ferner: Lass, Rechtsgrundsätze des Reichsgerichts und anderer hoher Gerichtshöfe Deutschlands auf dem Gebiete des Urheberrechts. Berlin 1893, 3.

Werte, die in einem Geistesprodukte liegen, Vermögenswerte schaffen, um Vermögensfähigkeit zu erlangen. — Die im Urheberrecht liegenden personenrechtlichen und vermögensrechtlichen Beziehungen stehen daher gleichberechtigt nebeneinander. Das ist der leitende Gedanke, der durch die moderne Urheberrechtsgesetzgebung geht und so sagt auch die Begründung des Entwurfs eines Urheberrechtsgesetzes von 1901 S. 29: »Der Entwurf will das geltende Gesetz dahin ergänzen, daß nicht nur die Verwertung der geistigen Arbeit, sondern auch das persönliche Interesse des Verfassers an seinem Erzeugnisse geschützt wird«.

Wendet man diese Grundsätze auf das Urheberrecht der Tonkunst, insbesondere auf das Recht der Melodie an, so zeigt sich, daß auch hier die Doppelnatur des Urheberrechts zu Tage tritt. Sowohl die ideellen als auch die materiellen Interessen des Melodieberechtigten sollen in dem Recht an der Melodie geschützt werden. Das zeigt sich darin, daß schon die bloße Entnahme einer geschützten Melodie in das Individualrecht des Komponisten eingreift und Rechtsfolgen nach sich zieht, und ferner daß dem Komponisten, auch im Falle der Übertragung des Rechtes an der Melodie, die Bestimmung darüber bleibt, daß seine Komposition nur in der von ihm gewollten individuellen Gestalt vervielfältigt, verbreitet und aufgeführt werde. — §§ 9, 12, 14, 15 LUG. und § 2 VerlG. — Eine Rechtsverfolgung wegen Verletzung dieser dem Komponisten zustehenden Befugnisse ist von einer Verletzung der Vermögensinteressen gänzlich unabhängig[15]). Die vermögensrechtliche Seite des Rechtes an der Melodie wird aber in der Regel dann verletzt sein, wenn die Melodie in bestimmungswidriger Weise von einem anderen Komponisten ver- oder bearbeitet und sodann vervielfältigt, gewerbsmäßig verbreitet oder öffentlich aufgeführt wird. Hier hat der Melodieberechtigte ein wohlbegründetes Recht, daß ihm nicht die Früchte seines Schaffens von anderen weggenommen

---

[15]) Recht 05, 286; RGSt. 37, 269; JW. 05, 352.

werden — §§ 11, 12, 13, 36, 37, 38 ff. LUG. —, und daß nur ihm der wirtschaftliche Genuß seiner Geistesprodukte zusteht. Die Originalität in der musikalischen Idee hat ebenso Anspruch auf wirtschaftliche Verwertung wie ein reales Gut; denn, sagt Goethe:

„Wenn uns das Talent einen guten Namen und die Neigung der Menschen verschafft, so ist billig, daß wir durch Fleiß und Anstrengung zugleich die Mittel erwerben, unsere Bedürfnisse zu befriedigen, da wir doch einmal nicht ganz Geist sind".

Das Wesen des Rechtsschutzbedürfnisses der Melodie besteht somit darin: einerseits die rein personenrechtlichen Interessen (das Individualrecht) andererseits aber auch die materiellen Interessen (das Immaterialgüterrecht) zugunsten des Melodieberechtigten rechtlich zu schützen.

Zweiter Abschnitt.

Die Geschichte des Rechtes an der Melodie.

Bis zu dem Gesetz, betreffend das Urheberrecht an Werken der Literatur und der Tonkunst vom 19. Juni 1901 wurde das musikalische Urheberrecht wegen vielfacher gemeinsamer Begriffe als eine Nebenform des literarischen Urheberrechts angesehen. Seine Regelung entsprach demgemäß mit wenigen Ausnahmen dieser Materie. Heute dagegen hat das musikalische Urheberrecht in den §§ 1 Ziff. 2 u. 5, 2 Abs. 2, 11 Abs. 2, 12 Abs. 2 Ziff. 4 u. 5, 14 Abs. 2 Ziff. 3 u. 4, 20, 21, 22—22c, 24, 27, 28 und besonders in § 13 Abs. 2 LUG. eine von dem literarischen Urheberrecht gesonderte, wenn auch noch nicht umfassende und in allen Punkten befriedigende Regelung erfahren. Mit der Schaffung dieser gesetzlichen Bestimmungen wird endlich dem Komponisten die reelle Anerkennung seines Wirkens gewährt, die auch hoch angelegte Naturen nicht vermissen können.

Diese späte Regelung des musikalischen Urheberrechts hängt aufs engste zusammen mit dem Aufschwung der Musik in Deutschland seit dem Ausgang des 18. Jahrhunderts. Denn erst seit dieser Zeit beginnt man nach einer gesetzlichen Festlegung dieser Materie zu verlangen.

Die Privilegien, die man im Mittelalter zum Schutze des Urheberrechts erteilte, bezogen sich nur auf literarische Werke. Die Unzulässigkeit dieser Privilegien ist bereits durch § 60 des Urheberrechtsgesetzes vom 11. Juni 1870 ausgesprochen worden. Selbst die um die Wende des 18. Jahrhunderts erschienenen Schriften von Pütter, Ehlers, Graff [1]) u. a. und die philosophischen Erörterungen von Kant und Hegel [2]) tun bei ihrer Behandlung der Theorie des Urheber-

---

[1]) Pütter, Der Büchernachdruck nach echten Grundsätzen des Rechts. Göttingen 1774; Ehlers, Über die Unzulässigkeit des Büchernachdrucks nach dem natürlichen Zwangsrecht. Dessau und Leipzig 1784; Graff, Versuch einer einleuchtenden Darstellung des Eigentums und der Eigentumsrechte des Schriftstellers und Verlegers. Leipzig 1794.

[2]) Kant, Metaphysik der Sitten. Rechtslehre § 31, II. Sämtliche Werke 97 ff.; Hegel, Philosophie des Rechts § 69.

rechtsdes musikalischen Urheberrechts keinerlei Erwähnung[3]). Als aber die Musik infolge ihres gewaltigen Aufschwungs um die Wende des 18. Jahrhunderts Gemeingut aller wurde und die Komponisten nicht mehr auf Bestellung einzelner Liebhaber ihre Werke schrieben, da verschaffte sich der Gedanke eines Schutzes der Kompositionen gegen unzulässige Ausbeutung immer mehr Geltung. Es waren jedoch hier nicht die Komponisten, die die Initiative ergriffen, sondern die Musikalienverleger. Sie suchten sich im Wege der Selbsthilfe zu schützen, da die Gesetzgebung nicht eingriff. Am 29. Mai 1829 schlossen die deutschen Musikalienhändler eine »Konventionalakte, um dem Musikhandel Solidität und Festigkeit zu geben«. Zu dieser Akte ergingen am 12. Mai 1830 eine Reihe von Zusatzartikeln, von denen Art. 5 folgende Bestimmung enthielt:

> »Die Melodie wird als ausschließliches Eigentum des Verlegers anerkannt und jedes Arrangement, das die Töne des Komponisten wiedergibt und nur auf mechanischer Verrichtung beruht, soll als Nachdruck angesehen, und der Strafe von 50 Louisdor (welche die Kontrahenten als Konventionalstrafe verabredeten) unterworfen sein. Variationen, Fantasieen, Märsche, Tänze, Potpourris usw. über fremde Melodien, die geistige Tätigkeit und schöpferische Kraft erfordern, sollen dagegen selbstständig betrachtet werden« [4]).

Die Komponisten selbst rührten sich zum ersten Male unter Führung von Spontini in einer Eingabe an den Bundesrat 1836 [5]). Daraufhin stellte die deutsche Bundesversammlung allgemeine Richtlinien zum Schutze musikalischer Kompositionen fest. Es ergingen mehrere Bundesbeschlüsse von denen gleich der erste von 1836 sagte:

> »Auch das Recht, Variationen eines Musikwerkes, ver-

[3]) Anm.: Überhaupt kein Urheberrecht kannten die Römer; man schützte sich durch die Kritik.

[4]) Vesque von Püttingen 86; abgedruckt auch bei Hitzig, Das Königl. Preuß. Gesetz v. 11. Juni 1837 und bei Kramer 112.

[5]) D'Albert, Musikalisches Aufführungsrecht 21.

änderte Arrangements oder sonstige Bearbeitungen in Druck herauszugeben, gebührt nur dem Komponisten des Musikstückes«, mit dem Hinzufügen, »es sei denn, daß die von einem anderen veranstaltete Bearbeitung als eine eigentümliche Komposition zu betrachten wäre«[6]).

Die auf Grund der Bundesbeschlüsse in den Einzelstaaten erlassenen Gesetze, etwa 30 an der Zahl, schafften aber eine durchaus unbefriedigende Regelung des musikalischen Urheberrechts. Sie behandelten es nur oberflächlich und in großen Zügen. Zunächst hatte von den Einzelstaaten, schon vor den Bundesbeschlüssen, Hessen in dem Gesetz von 1830, Art. 6 bestimmt:

»Inbezug auf musikalische Kompositionen ist jede Vervielfältigung in veränderter Form erlaubt, wenn die Schaffung der veränderten Form als Geistesprodukt angesehen werden kann. Ist die Schaffung aber nur mechanischer Natur, dann steht sie unter dem Verbote des Nachdrucks«[7]).

Aus dem Jahre 1831, 17. Mai, enthält das Sächsische Erläuterungsmandat über die Vervielfältigung musikalischer Kompositionen in veränderter Form Bestimmungen.

Es folgt als wichtigstes nunmehr das Preußische Gesetz zum Schutze des Eigentums an Werken der Wissenschaft und Kunst gegen Nachdruck und Nachbildung vom 11. Juni 1837,[8]) nachdem Preußen bereits 1827 und 1828 mit anderen deutschen Staaten eine große Zahl von Literarverträgen geschlossen und damit dem Nachdruck in Deutschland wesentlich gesteuert hatte. In § 20 dieses Gesetzes heißt es:

»Einem verbotenen Nachdruck ist es gleichzuachten,

[6]) 18. Sitzung, Protokolle der Bundesversammlung 1836, 607 ff.

[7]) Wächter, Verlagsrecht 595 Anm. 4; Anm.: Mechanisch bezeichnet hier im metaphysischen Sinne unselbständig.

[8]) Gesetzessammlung für die Königl. Preuß. Staaten 1837, 165–171. Anm.: Das erste deutsche Gesetz, das sich überhaupt mit dem literarischen Rechtsschutz befaßt hat, Das Allgemeine Preußische Landrecht, enthielt über das musikalische Urheberrecht noch keinerlei Bestimmungen, vergl. ALR. Teil I Tit. 11 §§ 996–1036, Teil II Tit. 20 §§ 1294–1297 a.

wenn Jemand von musikalischen Kompositionen Auszüge, Arrangements für einzelne Instrumente oder sonstige Bearbeitungen, die nicht als eigentümliche Kompositionen betrachtet werden können, ohne Genehmigung des Verfassers herausgibt«.

In diesem Gesetz werden auch zum ersten Male die Sachverständigen-Vereine, wie sie damals hießen, geschaffen. Die Instruktion zur Bildung der in den §§ 17 und 31 dieses Gesetzes erwähnten Vereine von Sachverständigen sagt über ihre Aufgaben und Ziele in Ziffer 4 folgendes:

»Der zweite Verein hat ausschließlich die Frage zu begutachten: ob eine unerlaubte Vervielfältigung musikalischer Kompositionen vorhanden, ob ein Musikstück als eigentümliche Komposition oder nach § 20 a. a. O. als eine dem Nachdruck gleichzuachtende Bearbeitung zu betrachten, und in welchem Betrage eventuell die diesfällige Entschädigung zu leisten sei. Dieser Verein wird aus Musikverständigen gebildet, unter denen sich wenigstens zwei Musikhändler befinden müssen«[9]).

Auch das Österreichische Gesetz von 1846[10]) enthält in Art. 6 über das musikalische Urheberrecht folgende Bestimmung: ..... »Dagegen ist als verbotener Nachdruck oder Nachstich nicht anzusehen, somit gestattet:
die Benutzung einer Tondichtung zu Variationen, Fantasieen, Potpourris etc., welche als selbständige Geistesprodukte angesehen werden«.

Weiter enthalten noch Bestimmungen das Weimarische Gesetz § 20 und das Braunschweigische Gesetz § 3.

Die Deutsche Bundesversammlung hat sich dann noch mit dem musikalischen Urheberrecht in den Beschlüssen vom 9. November 1839, 22. April 1841, 19. Juni 1845, 6. November 1856 und 12. März 1857 befaßt. Die Einzelstaaten hatten jedoch keine Veranlassung genommen, die Anregungen dieser

[9]) Gesetzessammlung für die Königl. Preuß. Staaten 1838, 277—279.
[10]) Wächter, Verlagsrecht 596 Anm. 5.

Beschlüsse in ihre Gesetzgebungen hinüberzunehmen. Der Verein Deutscher Musikalienhändler betonte dennoch immer wieder in den Druckschriften von 1852, 1854, 1857 den Schutz der Melodie, den die Bundesversammlung schon in ihren Beschlüssen angestrebt hatte.

Die sächsische Regierung stellte nun von neuem am 22. Januar 1862 bei der Bundesversammlung den Antrag, die erforderlichen Arbeiten zur Herstellung eines allgemeinen Gesetzes über den Nachdruck in Angriff zu nehmen, und überreichte den sog. Börsenvereinsentwurf. Auf diesem beruht der sog. Frankfurter Entwurf, der 1864 den einzelnen Regierungen vom Bundesrat zur Annahme empfohlen wurde[11]). Aus der Annahme dieses Entwurfes wurde aber nichts, da das Jahr 1866 dazwischen kam. Erst dem Reichstage des Norddeutschen Bundes, dem in Art. 4 No. 6 die Regelung des Urheberrechts übertragen war, wurde im November 1868 der Entwurf eines Gesetzes betreffend das Urheberrecht an Werken der Litteratur und Kunst, an geographischen, naturwissenschaftlichen, architektonischen und ähnlichen Abbildungen, sowie an geographischen Aufnahmen nach der Natur vorgelegt. Dieser Entwurf wurde vom Bundesrat am 27. Januar 1870 bezw. 14. Februar 1870 angenommen, nachdem der Schutz der Photographien einem selbständigen Gesetz überwiesen war. Er ist die Grundlage des in dem Reichstage des bald darauf neugegründeten Deutschen Reiches zur Annahme gelangten Gesetzes, betreffend das Urheberrecht an Schriftwerken, Abbildungen, musikalischen Kompositionen und dramatischen Werken vom 11. Juni 1870.

In diesem Gesetze suchte man nun eingehender der unbefugten Benutzung von fremden, geschützten Melodien durch Einfügung folgendes § 46 zu steuern:

»Als Nachdruck sind alle ohne Genehmigung des Urhebers einer musikalischen Komposition herausgegebenen Bearbeitungen derselben anzusehen, welche nicht als eigen-

---

[11]) Kuhlenbeck, Urheberrecht 8.

tümliche Kompositionen betrachtet werden können, insbesondere Auszüge aus einer musikalischen Komposition, Arrangements für einzelne oder mehrere Instrumente und Stimmen, sowie der Abdruck von einzelnen Motiven oder Melodieen eines und desselben Werkes, die nicht künstlerisch verarbeitet sind«.

Bei der Beratung dieses Gesetzes bereits war von vielen Seiten gefordert worden, jede Benutzung einer fremden Melodie zu verbieten, auch wenn durch die Benutzung ein ganz neues, eigentümliches Musikstück hervorgebracht würde. Man wollte damit dem „droit de mélodie" in der umfassenden Weise Anerkennung verschaffen, wie es seit langem in der französischen Rechtsprechung der Fall war. Diese Forderung wurde aber damals entschieden zurückgewiesen und es wurde betont, daß die Benutzung einer Melodie erlaubt sein müsse, »sobald nur das neue Werk sich als eine im wesentlichen neue geistige Schöpfung auf dem Gebiete der Musik darstelle«[12]).

Das Urhebergesetz von 1870 legte demnach das Hauptgewicht auf die künstlerische Verarbeitung von Motiven und Melodien eines und desselben Werkes, wobei es offenbar einen theoretischen Unterschied zwischen Motiv und Melodie nicht kennt, wie er nach dem Urheberrechtsgesetz von 1901 zu machen ist. Infolgedessen waren Potpourris, Variationen, Fantasien, Transkriptionen usw. über fremde geschützte Melodien eines und desselben Werkes gestattet, wenn sie frei und selbständig verarbeitet und künstlerisch eigentümlich umgestaltet waren[13]). Dies im konkreten Falle zu beurteilen, lag dem Gutachten der Sachverständigen-Kammer ob. Verboten waren jedoch in jedem Falle Arrangements und Auszüge aus geschützten Kompositionen, da sie

[12]) Motive zu dem Entwurf des Urheberrechtsgesetzes von 1870, 39 zu § 49 und Kommissionsbericht 20.

[13]) Vergl. im einzelnen: Daude, Lehrbuch 83; Dambach, Urheberrecht 223 ff.; Endemann, Urheberrecht 74 ff.; Wächter, Autorrecht 301 ff.; ferner: Mandry, Urheberrecht 202 ff. für die gleichlautenden Bestimmungen des bayrischen Urheberrechtsgesetzes vom 28. Juni 1865.

zwar oft mit relativer Eigenart und großem Geschick in der Handhabung der musikalischen Ausdrucksmittel hergestellt sind, aber doch nur die äußeren Darstellungsformen ändern, nie jedoch den sich in der Melodie verkörpernden musikalischen Gedanken schöpferisch umgestalten und verarbeiten.

Der Fehler der in § 46 LUG. von 1870 getroffenen Bestimmung lag nun darin, daß es nicht nur erlaubt war, aus derselben Komposition Melodien und Motive zu benutzen, sofern sie nur einigermaßen selbständig verarbeitet waren, sondern auch Melodien und Motive verschiedener Kompositionen desselben oder auch verschiedener Komponisten unter Quellenangabe zu minderwertigen Potpourris usw. mittels einfacher Übergänge aneinanderzureihen und zu einem Ganzen zu verbinden[14]. Hierdurch wurden aber die Komponisten und insbesondere die Musikalienverleger in erheblicher Weise geschädigt. Denn die auf solche Weise hergestellten Potpourris usw. über beliebte Melodien, besonders aus Opern und Operetten, wurden naturgemäß weit häufiger gekauft als das ganze Originalwerk. Die Musikalienverleger konnten aber bei den hohen Herstellungskosten größerer Kompositionen nicht auf ihre Kosten kommen, da ihnen die ausschließliche Verwertung der Original-Komposition nicht gesetzlich garantiert war. Es wurde deshalb von allen interessierten Kreisen gegen die Fassung des § 46 LUG. von 1870 Einwand erhoben und der unbedingte Melodieschutz gefordert. Sowohl die Musikalienhändler in ihrer Eingabe an den Reichskanzler vom Juli 1885 als auch der Börsenverein Deutscher Buchhändler in den »Beiträgen zum Urheberrecht«, Leipzig 1896, sprachen sich in diesem Sinne aus.

Diesen berechtigten Wünschen wurde denn auch in dem ersten und zweiten Entwurf eines neuen Urheberrechtsgesetzes an Werken der Literatur und Tonkunst Rechnung getragen, indem der erste Entwurf in § 14 Abs. 2 und der zweite Entwurf in § 13 Abs. 2 folgende Fassung vorsahen:

[14]) Vergl. Schuster, Urheberrecht 198; Kremer, Melodie 34.

»Bei einem Werke der Tonkunst ist jede Benutzung unzulässig, durch welche erkennbare Melodieen dem Werke entnommen und einer neuen Arbeit zugrunde gelegt werden«.

Diese Bestimmung war in Anlehnung an Art. 10 der Berner Übereinkunft vom 9. September 1886 in die Entwürfe eingeführt worden. Infolge ihrer schwierigen gesetzlichen Fassung war sie mit folgender ausführlichen Begründung versehen worden:

»Von allen Seiten wird Klage erhoben, daß das geltende Recht, indem es die künstlerische Verarbeitung einzelner Motive und Melodieen gestatte, zur Rechtsunsicherheit führe und der Ausbeutung Vorschub leiste. Es handelt sich dabei namentlich um Variationen, Fantasieen, Potpourris und dergleichen über selbständige Melodieen. Die Herstellung solcher Stücke beruht großenteils auf einfacher Anwendung der musikalischen Technik und wird nicht selten lediglich durch die Absicht veranlaßt, aus dem Werk eines anderen eine Einnahme zu ziehen. Wo hier die eigentlich künstlerische Bearbeitung beginnt, ist, wie die bisherigen Erfahrungen zeigen, schwer festzustellen. Die Bearbeitung greift aber, auch wenn in ihr künstlerische Eigenart zum Ausdruck kommt, stets in das Urheberrecht am Originalwerk ein, da dieses Recht nicht nur das Werk als Ganzes, sondern auch jede einzelne selbständige Melodie erfaßt. Der Entwurf sieht deshalb von einer Unterscheidung überhaupt ab und gewährt in § 13 Abs. 2 Schutz gegen jede erkennbare Entnahme, durch welche die Melodie einer neuen Arbeit, sei es auch in der Weise zugrunde gelegt wird, daß sich eine wirklich künstlerische Leistung ergibt. Daß hierdurch dem musikalischen Schaffen eine zu enge Schranke gezogen werde, ist schon im Hinblick auf den Kreis gemeinfreier Werke ausgeschlossen. Auch die tatsächliche Übung zeigt, daß Unzuträglichkeiten nicht zu besorgen sind; denn die Mitglieder des Vereins Deutscher Musikalienhändler sind nach den Satzungen verpflichtet, „das Recht der Melodie (im Sinne des französischen Gesetzes") den anderen Vereinsmitgliedern gegenüber anzuerkennen. Unter die Vorschrift fällt übrigens, wie ihre Fassung ergibt, weder die unbewußte musikalische Erinnerung, noch auch eine wissentliche Entlehnung, die nur beiläufig, etwa innerhalb einer Symphonie vorkommt. Vielmehr ist die Frage, ob in solchen Fällen das Maß des Zulässigen überschritten ist, nach allgemeinen Rechtsgrundsätzen, insbesondere nach § 13 Abs. 1 zu entscheiden. Ebensowenig richtet sich der § 13 Abs. 2 gegen Kompositionen, die zu den Satiren oder Parodieen gehören. Denn hier wird der fremde Gedanke nicht als Thema für eine weitere Ausführung zugrunde gelegt, sondern nur zum Ausgangspunkt für eine Neuschöpfung gewählt, die vermöge ihres humoristischen Zwecks auf ganz andere Wirkungen abzielt, als das benutzte Werk« [15]).

Es entstanden nun über eine geeignete Fassung des in dem Entwurf vorgeschlagenen Paragraphen große Meinungsverschiedenheiten.

Bei der ersten Beratung des Entwurfes wurde von den Abgeordneten Esche, Hausmann, Bekh und besonders von Müller—Meiningen übereinstimmend betont, daß es schwierig sei, für § 13 Abs. 2 die richtige Fassung zu bringen, da die Musikwissenschaft selbst noch nicht im klaren sei, was eigentlich eine Melodie wäre, und da es sich um einen spröden, noch nicht umfassender gesetzlichen Behandlung unterstellten Stoff handele. Auch der Staatssekretär betonte, daß sich die Regierung der Schwierigkeit der Regelung des musikalischen Urheberrechts bewußt gewesen sei. Er sagte wörtlich:

»Alle Begriffe, mit denen wir auf dem Gebiete der musikalischen Produktion zu tun haben, sind in so besonderem Maße flüssig, so unbestimmbar und unbegrenzbar, daß sie sich einer gesetzgeberischen Relation nur schwer beugen« [16]).

---

[15]) Zweiter Entwurf. Stenographische Berichte 1900/01, 397.

[16]) Vergl. Stenographische Berichte. 10. Legislaturperiode, 2. Session 1900/01, 21. Sitzung 1, 521—567, insbesondere 526, 537, 553 A., 558.

Zu der in dem Entwurfe vorgeschlagenen Fassung wurde ferner in den Abänderungsvorschlägen des Vereins Deutscher Musikalienhändler[17]) mit Recht betont, daß der Gebrauch des Wortes Melodie in der Mehrzahl zur Vermutung führen könne, nur die Entnahme einer Mehrzahl von Melodieen sei unzulässig, die Entnahme einer Melodie aber sei gestattet. Es wurde deshalb vorgeschlagen, die Entnahme »einer erkennbaren Melodie« für unzulässig zu erklären.

Diese Unsicherheit in der begrifflichen Fassung des § 13 Abs. 2 des Entwurfs beherrschte auch die Beratungen der 11. Kommission. Über Begriff und Schutz der Melodie wurden innerhalb der Kommission die verschiedensten Meinungen vertreten. Bis zuletzt schwankte man über Fassung und Beibehaltung der Bestimmung. Es ist deshalb für die Beurteilung der ganzen Frage von Bedeutung, welche Ansichten innerhalb der Kommission hierüber geherrscht haben, zumal auch bis heute die Meinungen über Tragweite und Bedeutung des § 13 Abs. LUG. geteilt sind[18]).

Der Bericht der XI. Kommission über den Entwurf eines Gesetzes betreffend das Urheberrecht an Werken der Literatur und Tonkunst sagt nämlich folgendes:

»Von einer Seite wollte man das Wort »eigentümlich« durch »eigenartig« ersetzt wissen. Andere wollten klarer zum Ausdruck gebracht wissen, daß die Entnahme auch nur einer — etwa einer bekannten oder charakteristischen — Melodie verwehrt sei. Ferner wollte ein Mitglied, es sollte verboten sein eine solche Benutzung eines Werkes der Tonkunst, bei der eine Melodie einem Werke so entnommen wird, daß sie erkennbar bleibt, bei der eine Melodie erkennbar entnommen sei. Das sei Sache der Kompositionslehre festzustellen, was Melodie sei. Man wollte daher folgende Fassung geben:

»Bei einem Werke der Tonkunst ist jede Benutzung unzulässig, durch welche eine Melodie oder mehrere Me-

17) Musikhandel uud Musikpflege 1899, 18 ff.; 1901, 129.

18) Vergl. die in dem Norenschen Rechtsstreit ergangenen Entscheidungen, abgedruckt in GewRSchutz 1908, 14 ff. und 1909, 332 ff.

lodieen erkennbar dem Werke entnommen und einer neuen Arbeit zugrunde gelegt werden«.

Schließlich waren wieder andere Kommissionsmitglieder der Meinung, daß durch den Abs. 2 der freien künstlerischen Tätigkeit zu sehr Einhalt getan, hätten doch hervorragende Tonkünstler alte Melodieen den Schöpfungen zugrunde gelegt. Sie wollten deshalb folgende Fassung:

»Erkennbare Melodieen einem Werke der Tonkunst zu entnehmen und einer neuen Arbeit zugrunde zu legen, ist nur dann zulässig, wenn die neue Arbeit eine selbständige, eigentümliche Schöpfung darstellt«.

Halte man diese Fassung zu weit, so wollten sie das Wort »künstlerisch« noch zwischen die Worte »eigentümliche« und »Schöpfung« eingeschoben wissen.

Dagegen wurde von der Regierung folgendes geltend gemacht:

Der Ausdruck »eigentümlich« sei gewählt, weil er sich bereits in dem Urbeberrechtsgesetz von 1870 an der entsprechenden Stelle befunden und die Rechtsprechung sich daran gewöhnt habe. Es sei nicht möglich, die Melodieen gegen unangemessene Benutzung, wie es wohl am besten sei, zu schützen, man müsse sie deshalb entweder schlechthin schützen oder völlig freigeben. Es sei sowohl lediglich die Entnahme e i n e r Melodie, als auch die e r k e n n b a r e Entnahme geschützt. Man lasse es bei der vorgeschlagenen Fassung bei dem alten Rechtszustande, das habe aber zu Unzuträglichkeiten geführt. Der Regierungsvertreter führte sodann insbesondere aus:

»Es fehlt nicht an Unternehmern, die eine mit Beifall aufgenommene Melodie aus Meisterwerken in der Weise bearbeiten lassen, daß der Bearbeiter eigene Zutaten beifügt, denen, ihrer Minderwertigkeit ungeachtet, eine gewisse Selbständigkeit oder Eigentümlichkeit nicht abzusprechen sei. Für die Rechtsprechung, die bei der Prüfung, ob eine Bearbeitung statthaft sei, nicht deren inneren Kunstwert zum Maßstab nehmen könne, habe sich die Unmöglichkeit ergeben, solche auf Umgehung des Gesetzes ausgehende

Arbeiten abzugrenzen gegenüber den Variationen, Transskriptionen und dergl., zu denen ein wirklich hervorragender Komponist durch einen fremden musikalischen Gedanken angeregt wird. Die Folge hiervon sei eine weitgehende Schutzlosigkeit der Tonkunst, der sich nur dadurch abhelfen lasse, daß für alle Arbeiten, denen eine geschützte fremde Melodie zugrunde liege, die Einwilligung des Urhebers erfordert werde. Gerade die hervorragenden Komponisten, die der Antrag von dieser Schranke befreien wollte, seien daran im Ergebnis schon jetzt gebunden, insofern der Verein der Deutschen Musikalienhändler seine Mitglieder durch die Satzungen verpflichte, »das Recht an der Melodie (im Sinne des französischen Gesetzes« [19]) bei künftigen Verlagsunternehmungen den übrigen Vereinsmitgliedern gegenüber anzuerkennen«.

Es wurde darauf folgende Fassung angenommen:

»Erkennbare Melodieen dürfen nur dann einem Werke der Tonkunst entnommen und einer neuen Arbeit zugrunde gelegt werden, wenn die Arbeit eine selbständige und eigentümliche Schöpfung darstellt«.

Die Kommission schlug jedoch vor, den Absatz überhaupt zu streichen, da sich eine klare Fassung für das Wort selbständig nicht finden lasse.

In der zweiten Lesung wurde nunmehr darauf hingewiesen, daß es ein festes klares Kennzeichen dafür, ob ein Werk selbständig sei, nicht gebe. Es müsse deshalb die Melodieentnahme schlechthin verboten werden. Eine Beeinträchtigung des Schaffens sei nicht zu befürchten, da wirklich bedeutende Komponisten jederzeit die Erlaubnis zur Melodieentnahme erhielten [20]). Das Verbot müsse aber

---

[19]) Anm.: Das französische Gesetz kennt das droit de mélodie nicht. Es bestimmt nur ganz allgemein in Art. 1 die Rechte des Komponisten. Das droit de mélodie hat erst die französische Rechtsprechung geschaffen. Siehe unten: Internationales Urheberrecht.

[20]) Schon bei der Redaktion des Urheberrechtsgesetzes von 1837 ist man hierüber, besonders hinsichtlich der Variationen, in Zweifel geraten. Vergl. Hitzig 79.

klarstellen, daß die bezeichnete Benutzung auch nur einer Melodie unzulässig sei, und den Ton darauf legen, daß die erkennbare Entnahme ausgeschlossen werden solle.

Es wurde darauf folgende Fassung vorgeschlagen und angenommen:

»Bei einem Werke der Tonkunst ist jede Benutzung unzulässig, durch welche eine Melodie erkennbar dem Werk entnommen und einer neuen Arbeit zugrunde gelegt wird« [21]).

In dieser Fassung gelangte nunmehr der § 13 Abs. 2 an den Reichstag und wurde bei der zweiten Beratung ohne Diskussion angenommen [22]).

Aus diesen Ausführungen geht hervor, daß es einen Standpunkt der Kommission zu der Frage nicht gegeben hat, sondern nur weitauseinandergehende Auffassungen einzelner Kommissionsmitglieder. Die Verwertung der Kommissionsbeschlüsse bei Auslegung des § 13 Abs. 2 LUG. kann daher nur in ganz geringem Umfange geschehen. Sie zeigen aber weiterhin, daß nach der Entstehungsgeschichte des § 13 Abs. 2 LUG. der Hauptanlaß zum Schutze der Melodie der gewesen ist: man wollte dem durch falsche Fassung des § 46 LUG. von 1870 eingerissenen Mißbrauche der Ausbeutung fremder geschützter Melodieen zu Potpourris, Fantasieen, Variationen und ähnlichen Ver- und Bearbeitungen steuern und den Komponisten bezw. ihren Rechtsnachfolgern, insbesondere den Musikalienverlegern, die wirtschaftlichen Vorteile aus der Verwertung der Originalposition sichern. Diese Auffassung war die in den beteiligten Kreisen, Komponisten wie Musikalienverlegern, herrschende und leitete auch die Beratungen im Reichsjustizamt und in den Kommissionssitzungen und im Plenum des Reichstages.

[21]) Vergl. Bericht der XI. Kommission über den Entwurf eines Gesetzes, betreffend das Urheberrecht an Werken der Literatur und Tonkunst, Nr. 97 der Drucksachen zu § 13.

[22]) 2. Beratung, 75. Sitzung 2142 ff.

Dritter Abschnitt.

Die Entstehung, der Untergang und Übergang des Rechtes an der Melodie.

1. Die Entstehung des Rechtes an der Melodie.

Komponist einer Melodie, also Urheber im Sinne des § 2 Abs. 1 LUG., ist der, dessen individueller geistiger Tätigkeit die Melodie entsprungen ist. Wer sonst noch als Komponist angesehen werden kann, sagen die §§ 3—7 LUG.; die in diesen Bestimmungen aufgestellten Vermutungen schließen den Gegenbeweis nicht aus.

Das Recht an der Melodie entsteht in dem Augenblick, wo die Melodie derart in die Außenwelt tritt, daß sie ein selbständiges, objektives Dasein erlangt. Die Art, wie die Melodie der Außenwelt mitgeteilt wird, ist gleichgültig. Das Recht an der Melodie ist entstanden, wenn die Melodie niedergeschrieben ist oder durch Vertrag der Person des Komponisten sich entäußert hat oder auch nur auf Grund einer Augenblickseingebung improvisiert ist. Der Vortrag der Melodie durch Spiel oder Gesang braucht nicht öffentlich zu sein, es brauchen auch nicht einmal andere Leute unmittelbar zugegen zu sein. Wer die Melodie eines Musizierenden ganz oder teilweise erlauscht und benutzt, kann gleichwohl gegen § 13 Abs. 2 LUG. verstoßen.

Ob die Melodie im Musikalienhandel erschienen ist oder nicht, ist für die Entstehung und den Umfang des Schutzes des Rechtes an der Melodie weiterhin ohne Bedeutung[1]). Ebenso ist hierfür auch belanglos, ob die Mitteilung an die Öffentlichkeit schriftlich auf Papier oder auf Gegenständen der Industrie (z. B. Platten, Walzen, Gläsern, Tellern. usw.), oder ob sie zu künstlerischen oder praktischen, zu militärischen oder patriotischen, zu kirchlichen oder Schulzwecken geschieht. Auf das Maß und die Art des Schutzes des Rechts an der Melodie hat das keinen Einfluß.

---

[1]) Kohler, Urheberrecht 222 und § 54 LUG.

Die schöpferische Tätigkeit des Komponisten ist ferner kein Akt des Willens, sondern ein Akt der Geistestätigkeit. Deshalb hängt sie nicht von der Willensfähigkeit des Komponisten ab; ein rechtsgeschäftlich erheblicher Wille im Sinne des Bürgerlichen Gesetzbuches wird zum Erwerb der originären Urheberschaft an der Melodie nicht gefordert. Die Komposition einer Melodie ist kein Rechtsgeschäft, sondern lediglich eine rechtserzeugende Handlung[2]). Die Willensbetätigung des Komponisten kann selbst eine entgegengesetzte sein; das Urheberrecht an der von ihm geschaffenen Melodie erwirbt er trotzdem. Danach erwirbt das unmündige Kind ebenso ein Recht an der Melodie wie der Geisteskranke[3]).

Das Recht an der Melodie entsteht nun aber dadurch, daß der Komponist bewußt oder unbewußt seine musikalischen Empfindungen in individueller Weise zur äußeren Erscheinung bringt, ohne damit die Musik zur Dienerin bestimmter Zwecke zu machen. Der Eindruck der Musik beruht also nicht auf einer beliebig ausgesuchten Bedeutung der einzelnen Laute. Dadurch unterscheidet sich das musikalische Kunstwerk — »das Werk der Tonkunst« im Sinne des § 1 Ziff. 2 LUG. — von dem einer reinen Willensregung entsprungenen Signal.

Es entsteht jedoch kein originäres Urheberrecht an der bloßen Entdeckung einer Komposition. Wer alte Volkslieder sammelt, erwirbt an der Melodie als solcher kein Urheberrecht. Er kann allerdings an der Sammlung ein literarisches Urheberrecht erwerben, besonders wenn er diese noch mit kritischem Apparat versieht, oder aber auch ein

[2]) Vergl. Gierke 766; Endemann 72; Wächter, Autorrecht 295; Stobbe-Lehmann 3, 30; Schuster, Urheberrecht 63 ff., 84 ff.

[3]) So: Allfeld, Kommentar zum Urheberrecht 39; Bettelheim, Immaterialgüterrecht 588; Dernburg 6, 165; Gierke 787; Klostermann, Geistiges Eigentum 219 ff.; Mitteis, Urheberrecht 156; Schuster, Urheberrecht 83; Schuster, Grundriß 25; a. M.: Kohler, Autorrecht 6 ff., 202 ff.: Urheberrecht 136, 228; er führt aus: an Werken eines Geisteskranken entsteho deshalb kein Urheberrecht, weil es sich um Naturlaute, nicht um Seelenregungen handele, ebenso wie das Singen der Naturvölker ein Naturvorgang sei, an dem kein Urheberrecht bestehe.

musikalisches in dem Falle, daß er in der Art der Harmonisierung eine selbständige kompositorische Tätigkeit entwickelt hat. Sein Urheberrecht reicht jedoch stets nur soweit, als er selbst kompositorisch tätig gewesen ist. Die Melodie als solche ist und bleibt stets gemeinfrei; sie kann von jedem anderen Komponisten von neuem benutzt werden.

Ein Recht an der Melodie erwirbt aber auch der nicht, der im Besitze eines Manuskriptes einer Melodie diese zuerst herausgibt, oder wer die Melodie eines alten Meisters als erster oder wieder neu veröffentlicht. Die editio princeps macht den Herausgeber nicht zum urheberrechtlich geschützten Komponisten. Er kann hier ebenfalls z. B. durch Herausgabe und Einrichtung alter Manuskripte aus Bibliotheken usw. am Ganzen, an der Sammlung, ein literarisches Urheberrecht unter Umständen erwerben, den Schutz des musikalischen Urheberrechts erlangt er jedoch nicht (vergl. § 4 LUG.).

Ferner sind Melodieen, deren Komponisten nicht bekannt geworden oder vergessen sind — sie sind z. B. zu vielgegesungenen Volksliedern geworden — gegen Benutzung und Herausgabe nicht geschützt, solange sich nicht der Komponist meldet. Meldet er sich aber nachträglich, so stehen ihm von diesem Zeitpunkt an alle Rechte zu, die sich aus dem Recht an der Melodie ergeben. Denn die Urheberschaft des Komponisten lebt in diesem Zeitpunkt wieder auf. Irgendwelche Rechte kann er aber gegen den gutgläubigen Bearbeiter vor dieser Zeit nicht herleiten, wenn es sich um eine Melodie handelt, die nach allgemeiner Ansicht Gemeingut des Volkes geworden ist. Es widerspricht dies den guten Sitten (§ 226 BGB.).

Demnach gilt nach dem Ausgeführten für den Erwerb des originären musikalischen Urheberrechts der allgemeine Satz, daß der, der eine gehörte Melodie in Noten setzt oder eine schon schriftlich fixierte Melodie der Allgemeinheit wieder zugänglich macht, ein Urheberrecht nicht erwirbt[4]).

---

[4]) Vergl. RGSt. 17, 34; RGRespr. 651; DJZ. 07, 829; Müller, Kommentar zum Urheberrecht 1, 22; a. M.: Vesque von Püttlingen 70.

Die Entstehung eines Miturheberrechts an einer Melodie ist heute seltener wie früher, es findet sich hier und da noch in unserer modernen Operettenfabrikation. Die Musik als subjektivste der Künste verträgt nicht das Eindringen einer fremdem Individualität in die eigene Empfindungswelt. In den früheren Jahrhunderten war dies eine häufigere Erscheinung. Noch bis in die Mitte des 18. Jahrhunderts schrieben die Komponisten oft nur die Hauptstimmen und den bezifferten oder unbezifferten Baß auf. Die Ergänzung und Ausführung überließ man den Vortragenden. Deshalb sind die großen Werke von Bach, Händel u. a. nur in oft skizzenhaftem Zustande auf uns überkommen. Neuere Meister haben dann diese Werke ergänzt, wie es z. B. Mozart, Robert Franz, Chrysander uud viele andere in neuester Zeit mit Werken von Bach, Händel, Tartini u. a. getan haben. Diese haben an der Ergänzung und somit am Ganzen ein Miturheberrecht; denn die Tätigkeit des Originalkomponisten und des Überarbeiters stellt sich als eine einheitliche Geistestätigkeit beim Vortrag der Komposition dar und die sich hieraus ergebenden Rechte lassen sich nur einheitlich verfolgen — allerdings nur hinsichtlich der von ihnen geschaffenen Teile. Jeder andere aber kann diese alten Werke von neuem in seinem Sinne bearbeiten und ergänzen. Es entsteht dann für ihn ein neues Miturheberrecht.

Ein Miturheberrecht kann weiter dann entstehen, wenn unvollendete Kompositionen ergänzt oder Kompositionen mit anderen Forsetzungen, Einleitungen und Schlüssen versehen werden (vergl. die Vollendung des Mozartschen Requiems durch Süßmayer oder die Hinzufügung eines Schlusses zu Glucks »Iphigenie in Aulis« durch Rich. Wagner). Es besteht dann zwischen dem Komponisten bzw. seinen Erben und dem Überarbeiter oder Vollender ein Miturheberrecht nach § 6 LUG.

Es kann ferner ein Miturheberrecht durch kunstvolle Harmonisierung einer einstimmigen Melodie — wenn also die Melodie nicht einfach mit der ihr innewohnenden natürlichen Harmonie versehen wird — sowie überhaupt durch jede freie künstlerische Bearbeitung einer gegebenen Melodie entstehen. Ist die Melodie bereits derart verarbeitet und polyphon verflochten, daß sie auf ganz neue harmonische Fundamente gestellt ist, so entsteht kein Miturheber-, sondern ein Alleinurheberrecht am Ganzen. Die Melodie ist eine neue individuelle Schöpfung geworden, die lediglich in dieser Gestalt benutzt werden kann.

Ein Miturheberrecht kann fernerhin z. B. bei einer Oper entstehen, wenn der eine die Chöre, der andere die Arien liefert und ein dritter die Überarbeitung des Ganzen übernimmt, oder wenn bei Solokompositionen der eine den Solopart und der andere die sonstige Partitur schreibt, oder wenn der eine bei Solokompositionen den Entwurf und die Themen schreibt, der andere aber (gewöhnlich der Solist) die Ausarbeitung für sein Instrument übernimmt.

Die Entstehung eines Miturheberrechts hat nun die rechtliche Folge, daß einer der Mitkomponisten, oder daß ein Bearbeiter oder Harmonisator über das Urheberrecht an der Melodie im ganzen oder über den von dem anderen hergestellten Teil nicht verfügen kann, sondern daß eine solche Verfügung alle Teilnehmer nur gemeinsam vornehmen können, vorausgesetzt natürlich, daß das Urheberrecht an der Melodie oder an der Bearbeitung oder Harmonisierung noch nicht erloschen ist, § 747 Abs. 2 BGB. Sofern sich allerdings die Teile selbständig trennen lassen, kann jeder über seinen Teil ohne den anderen verfügen, § 747 Abs. 1 BGB. Die zur Erhaltung des Rechtes an der Melodie erforderlichen Maßnahmen gegenüber Dritten kann in jedem Falle jeder Miturheber selbständig treffen und danach alle Rechte gegenüber Dritten verfolgen, da die Prozeßführung keine Verfügung über das Urheberrecht enthält, § 744 BGB. Ist schließlich das Urheberrecht an der Melodie erloschen, so kann auch jeder Dritte die Melodie zur Grundlage einer neuen Bearbeitung oder Harmonisierung machen. Bezeugt er darin schöpferische Tätigkeit, so entsteht für ihn hieran ein neues Urheberrecht. Besteht schließlich eine Komposition (Symphonie, Sonate, Suite usw.) aus mehreren selbständigen in sich abgeschlossenen Teilen, die von verschiedenen Komponisten herrühren, so entsteht an dieser ein Allein-, aber kein Miturheberrecht, denn eine unzertrennbare künstlerische Einheit besteht nicht.

Das Urheberrechtsgesetz selbst sagt über das Miturheberrecht in § 6: »Haben mehrere ein Werk gemeinsam in der Weise verfaßt, daß ihre Arbeiten sich nicht trennen lassen, so besteht unter ihnen als Urhebern eine Gemeinschaft nach Bruchteilen im Sinne der §§ 741—758 des Bürgerlichen Gesetzbuches.« Die vorstehenden Ausführungen decken sich demgemäß mit den gesetzlichen Bestimmungen. Diese selbst sind dispositiver Natur. Es wird deshalb in erster Linie der Parteivereinbarung Rechnung zu tragen sein. Hieraus wird man schließen müssen, ob jeder hinsichtlich seines Teiles ein selbständiges Urheberrecht behält, ob ein einheitliches Werk mit gemeinsamen Rechten geschaffen werden sollte ohne Unterschied, was jeder beigetragen hat, oder ob ein Sammelwerk aus getrennten Beiträgen mehrerer hergestellt werden sollte mit der Absicht, daß der Herausgeber bzw. Verleger als Urheber zu gelten habe.

Da meist auch bei der Herstellung gemeinsamer Kompositionen noch ein ausdrücklicher oder stillschweigender Vertrag (Dienstvertrag, Werkvertrag, Auftrag, Gesellschaftsvertrag) abgeschlossen zu werden pflegt, so finden dann außerdem in erster Linie die einschlägigen Vorschriften des Bürgerlichen Gesetzbuches über den jeweils besonderen Vertrag (vergl. §§ 611—630, 631—651, 662—676, 705—740 BGB.) Anwendung, ehe die Vorschriften über die Gemeinschaft nach Bruchteilen zur Anwendung kommen[5]).

Die vorstehend erörterten Bestimmungen greifen dann nicht Platz, wenn es sich um eine Oper oder um ein sonstiges Werk der Tonkunst handelt, zu dem ein Text gehört. Hier gilt für die Musik der Komponist und für den Text der Dichter auch nach der Verbindung als Urheber, § 5 LUG.

[5]) Vergl. Schuster, Urheberrecht 83 ff., 133 ff.; Lindemann, Urheberrecht, zu § 6 Anm. 1.

Nur hinsichtlich der Aufführung hat § 28 Abs. 2 LUG. bestimmt, daß sie der zu bewilligen habe, dem das Urheberrecht an dem musikalischen Teil zustehe. Es wird aber dadurch bloß das Verhältnis zwischen Textdichter und Komponisten Dritten gegenüber im Interesse der Erleichterung des Verkehrs geregelt. Das Urheberrecht beider bleibt bestehen. Erlischt das Urheberrecht des einen oder anderen nach § 29 LUG., so ist für die weitere Anwendung des § 28 Abs. 2 LUG. kein Raum. Insbesondere kann bei Erlöschen der Schutzfrist des musikalischen Teiles der Textdichter Urheberrechte an diesem nicht geltend machen, während umgekehrt die Aufführung des gemeinfreien musikalischen Teiles ohne Einwilligung des Berechtigten an dem noch geschützten Texte nicht erlaubt ist[6]). Besteht jedoch zwischen Komponist und Textdichter ein besonderes Vertragsverhältnis, das die gegenseitigen Rechte und Pflichten regelt, so macht sich derjenige in jedem Falle schadensersatzpflichtig, welcher gegen die vertraglichen Bestimmungen handelt.

Der Begriff der Gemeinsamkeit setzt nun ein gewolltes Zusammenwirken mit durchweg gleichen wesentlichen Beitragsleistungen voraus; er wird also durch eine sich bloß als untergeordnete Tätigkeit darstellende Beihilfe nicht erfüllt[7]). Deshalb erwirbt der Gehilfe bei Entstehung einer Komposition, mag er auch wesentliche Beiträge, wie etwa die Instrumentierung, in inhaltlicher und formeller Hinsicht geleistet haben, ebensowenig ein Urheberrecht wie der Besteller einer Komposition, wenn auch von ihm Richtlinien für Inhalt und Form der Komposition gegeben sein mögen. Denn, wie bereits einleitend zu diesem Abschnitt gesagt ist, ist Komponist im Sinne des § 2 LUG. der, aus dessen individueller geistiger Tätigkeit die Komposition hervorgegangen ist. Der Gehilfe aber und der Besteller sind nicht schöpferisch tätig. Sie erwerben deshalb kein originäres,

---

[6]) RGZ. 67, 84; JW. 08, 390; 09, 507; Lindemann zu § 28 LUG.
[7]) SeuffBl. 74, 64.

sondern nur etwa auf Grund eines besonderen Abtretungsvertrages ein derivatives Urheberrecht[8]).

2. Der Untergang des Rechtes an der Melodie.

Das Urheberrecht ist nicht dauerhaft wie das Eigentum. Das hängt zusammen mit seiner personenrechtlichen Seite. Deshalb erlischt das Recht an der Melodie 30 Jahre nach dem Tode des Komponisten, und außerdem dann, wenn seit der ersten Veröffentlichung der Komposition 10 Jahre verstrichen sind; d. h. erfolgt die Veröffentlichung z. B. erst später als 30 Jahre nach dem Tode des Komponisten, so genießt die Komposition immer noch 10 Jahre lang Schutz. Die Melodie wird also nach einer bestimmten Zeit »gemeinfrei«, § 29 LUG. Die Frist beginnt mit dem Ablaufe des Kalenderjahres, in dem der Komponist gestorben oder die Komposition veröffentlicht worden ist, § 34 LUG. Das Urheberrechtsgesetz hat die in der »Revidierten Berner Übereinkunft vom 13. November 1908« in Art. 7 auf 50 Jahre festgesetzte Schutzfrist aus wichtigen volkswirtschaftlichen Gründen nicht angenommen, obwohl eine starke Agitation für die Ausdehnung der Schutzfrist bei Einarbeitung der Vorschriften der Revidierten Berner Übereinkunft in unser Urheberrechtsgesetz vorhanden war.

Ist der Komponist verschollen, so beginnt die 30jährige Schutzfrist mit der Todeserklärung. Ist eine Melodie eines für tot Erklärten nach Ablauf der 30jährigen Schutzfrist benutzt worden, so kann dieser nicht auf Unterlassung, Schadensersatz oder Strafe usw. klagen, wenn die Todeserklärung zu unrecht erfolgt ist.

Bei Mitberechtigten bestimmt sich der Ablauf des Melodieschutzes nach dem Tode des Letztlebenden, § 30 LUG.; der Schutz besteht also so lange, bis der Letzlebende 30 Jahre tot ist. Bei Kompositionen mit unterlegtem Text (Opern, Oratorien usw.) kann sowohl die Komposition als

[8]) Gierke 778; Allfeld 63; Scheele, Urheberrecht 10; Wächter, Autorrecht 93 ff.; RGZ. 15, 406.

auch die Dichtung frei werden, denn nach § 5 LUG. gilt für jedes dieser Werke dessen Verfasser auch nach der Verbindung als Urheber. Ist deshalb, bei einer Oper etwa, der Text noch geschützt, die Komposition aber durch Zeitablauf gemeinfrei, so kann der Textdichter nicht die Entnahme und Benutzung einer Melodie aus der Komposition verbieten.

Der Textdichter kann eine Entnahme und Benutzung einer Melodie auch dann nicht verhindern, wenn der Komponist auf sein Urheberrecht verzichtet hat.

Der Verzicht, z. B. auf dem Titelblatt der Komposition oder in öffentlicher Erklärung, ist also ein weiterer Erlöschungsgrund des Urheberrechts. Damit wird die Melodie ebenfalls gemeinfrei. Beim Miturheberrecht allerdings wächst der Anteil an dem Recht an der Melodie, auf den verzichtet ist, dem anderen Mitberechtigten an und es tritt eine Gemeinfreiheit nicht ein.

Bei erblosem Tode endlich wird die Melodie stets gemeinfrei, sofern nicht im Wege des Verlagsvertrages alle Rechte, einschließlich des Rechtes an der Melodie, auf den Verleger übergegangen sind. Denn der Fiskus und andere juristische Personen können nicht gesetzliche Erben sein, § 8 Abs. 2 LUG. Auf Grund einer Verfügung von Todeswegen kann man natürlich sehr wohl den Fiskus oder eine sonstige juristische Person zum Erben einsetzen, z. B. eine Akademie, ein Konservatorium; auf diese gehen dann auch alle Rechte über, solange die Schutzfrist dauert[9]).

3. Der Übergang des Rechtes an der Melodie.

Das Urheberrecht ist ein veräußerliches Recht. Der Übergang des Rechtes an der Melodie kann erfolgen durch Erbgang, § 8 LUG., und durch einfachen Vertrag (Kauf, Tausch, Schenkung, Verlagsvertrag), vergl. § 413 BGB. und § 9 LUG.

[9]) Vergl.: Kohler, Urheberrecht 235: Crome 4, 31 ff. und ferner die einzelnen gesetzlichen Bestimmungen in §§ 29—35 LUG.

Bei der Erbfolge geht das Urheberrecht auf den Erben seinem ganzen Inhalte nach über, also auch nach seiner personenrechtlichen Seite. Dem Erben steht demnach selbst bei mehrfacher Erbfolge innerhalb der gesetzlichen Schutzfrist zu, alle Rechte an der Melodie geltend zu machen. Der Erbe ist somit, im Gegensatz zum sonstigen Rechtsnachfolger, Urheber im Sinne des § 2 LUG.[10]) und er kann in demselben Umfange über das Recht an der Melodie verfügen wie der Erblasser, falls er nicht durch den letzten Willen des Erblassers gebunden ist.

Bei dem Übergange des Urheberrechts durch Vertrag geht dieses nicht seinem ganzen Inhalte nach über. Hier bestimmt der Vertrag, in welchem Umfange das Urheberrecht übergeht. Die höchstpersönlichen Befugnisse des Komponisten verbleiben ihm jedoch stets. Der Vertrag ist formlos, §§ 147—157 BGB. Im Musikalienhandel ist allerdings zwecks Legitimation der Verleger ein sog. »Verlagsschein« üblich. Der Verleger, der sich stets in dem Verlagsschein alle Rechte an der Melodie übertragen läßt, wird damit aber nicht der Komponist. Er ist nur gerichtlich und außergerichtlich der Vertreter des Komponisten zum Schutze des Rechtes an der Melodie. Zur Verfügung über das Urheberrecht als solches ist er nicht befugt, da ja das Recht an der Melodie als solches ihm nicht übertragen werden kann[11]). Der Verleger besitzt ferner auch nur die Rechte, die ihm ausdrücklich übertragen worden sind, und er besitzt sie nur für das Gebiet, für welches ihm die besonderen Rechte zugewiesen sind (sog. geteiltes Verlagsrecht), § 8 Abs. 3 LUG. Die Übertragung des Rechtes an der Melodie auf den Verleger in vollem Umfange unter Ausschließung aller Rechte Dritter geschieht nur deshalb, weil die Verwertung der Melodie in den verschiedensten musikalischen Ausdrucksformen, insbesondere durch Herstellung von Bearbeitungen

[10]) So: Allfeld 86 ff.; Crome 4, 13 ff.; Gierke 811; Mitteis 26 ff.; RGZ. 12, 52; a. M.: von Anders, Beiträge 121, 130; Osterrieth, Altes und Neues 77; Wächter, Urheberrecht 91.

[11]) Vergl. § 9 VerlG.; ferner: Kohler, Urheberrecht 220 ff.; Begründung 17.

für die Hausmusik bei großen Werken die oft einzig mögliche Form wirtschaftlicher Nutzung ist. Damit wird die dispositive Vorschrift des § 14 Ziff. 3 LUG. und des § 2 Abs. 2 Ziff. 3 VG. auf Grund der besonderen Parteivereinbarungen abgeändert, die bestimmt, daß dem Komponisten die Befugnis zur Vervielfältigung und Verbreitung verbleibt für die Bearbeitung eines Werkes der Tonkunst, soweit sie nicht bloß ein Auszug oder eine Übertragung in eine andere Tonart oder Stimmlage ist. Der Begriff »Bearbeitung« ist in beiden Vorschriften im weitesten Sinne gemeint, und demgemäß fallen darunter auch Kompositionen, denen eine Melodie erkennbar zugrunde gelegt ist. Dieses Bearbeitungsrecht, das nach der gesetzlichen Vorschrift beim Komponisten verbleiben würde, geht also auf Grund der in dem Verlagsschein getroffenen Vereinbarungen auf den Verleger mit über. Auf jeden Fall aber bleiben bei dem Komponisten seine aus der Urheberschaft entspringenden Rechte; er braucht also nicht zu dulden, daß der Verleger seine Komposition in einer seinen Absichten nicht entsprechenden Weise auf den Markt bringt. Es wird aber hier die Verkehrsanschauung und Treu und Glauben in Zweifelsfällen entscheiden müssen.

Der zwischen dem Verleger und dem Komponisten vereinbarte Vertrag — »Verlagsschein«, auch »Aufführungsrechtsübertragungsvertrag« im Gegensatz zum »Aufführungsagenturvertrag« genannt — hat nach Voigtländer [12]) folgenden Wortlaut:

»Der Unterzeichnete überträgt der Verlagshandlung Firma . . . . . das unbeschränkte und übertragbare Urheberrecht an seinem Werke . . . . . Er erklärt, daß er allein über das Urheberrecht an dem Werke zu verfügen berechtigt ist, und daß er jenes weder ganz noch teilweise anderweitig übertragen hat.

[12]) Voigtländer, Der Verlagsvertrag, Leipzig 1901 (3), 7. Ferner Literatur zum Verlagsrecht: Dernburg 6, 131 ff.; Klasing, Die rechtliche Stellung des Urhebers. Diss. Leipzig 1907; Mittelstaedt-Hillig, Das Verlagsrecht. Leipzig 1901.

Er gestattet der Firma sachgemäße Zusätze, Kürzungen oder sonstige Änderungen, insbesondere die üblichen Bearbeitungen, Auszüge und Einrichtungen für einzelne oder mehrere Instrumente oder Stimmen und verzichtet auf das Recht, Melodien erkennbar dem Werke zu entnehmen und einer neuen Arbeit zugrunde zu legen. Das Aufführungsrecht ist in dem abgetretenen Urheberrecht inbegriffen. Wird die Schutzfrist des Urheberrechts gesetzlich verlängert, so bleibt dieser Vertrag für die Dauer der Verlängerung in Kraft. Die Niederschrift des Werkes verbleibt im Archiv der Verlagshandlung als deren Eigentum. Die für die Abtretung meines Urheberrechts vereinbarte Vergütung von . . . . . Mark habe ich erhalten.«

Vierter Abschnitt.

Der Gegenstand des Rechtes an der Melodie.

Die Frage nach dem Gegenstande des Rechtes an der Melodie ist im Grunde genommen gleichbedeutend mit der Frage, was Gegenstand des musikalischen Urheberrechts überhaupt ist. Denn was nicht Gegenstand des musikalischen Urheberrechts nach § 1 Ziff. 2 LUG. ist, kann auch nicht Gegenstand des Rechtes an der Melodie nach § 13 Abs. 2 LUG. sein und umgekehrt. Die Melodie aber ist der wesentlichste Inhalt und charakteristischste Bestandteil eines jeden »Werkes der Tonkunst«. »Erst die Melodie, selbst wenn sie einstimmig vorgetragen wird, vereinigt alle Elemente der Tonkunst, denn sie trägt neben rhythmischer Bewegung auch schon ihren Harmoniegehalt in sich« (August Wilhelm Ambros). Auf der Melodie also baut sich das Tongefüge auf, sie ist für die Erkennbarkeit eines Musikstückes bestimmend; Harmonie, Tonart, Instrumentation, Klangfarbe und Rhythmus einer Melodie kann man dagegen sehr wohl ändern, ohne die rechtliche Identität der Melodie zu berühren. Demgemäß macht allein die Melodie, wie Joachim Raff sagt, das wesentlichste in der Musik aus.

Die Melodie ist auch bei einem Werke der Tonkunst weit wichtiger als etwa der Hauptgedanke in einem Werke der Literatur. Die Musik als ausdrückende Kunst kann dieselben konkreten Empfindungen nur mit dem gleichen Tonmaterial wiedergeben. Der Inhalt eines Werkes der Tonkunst besteht nicht in Gedanken an sich, sondern in einer Zusammenstellung sinnlich wahrnehmbarer Töne: die Noten bezeichnen dabei unmittelbar diese Töne selbst nach Höhe und Zeitmaß, sodaß man nur mit denselben Noten in derselben Aufeinanderfolge und demselben Zeitmaß und Rhythmus die gleiche Melodie wiedergeben kann [1]). Dagegen können bei einem Werke der Literatur dieselben Gedanken und Gedankenreihen auf verschieden sinnlich wahr-

---

[1]) So auch Klostermann, Geistiges Eigentum 173.

nehmbare Weise, mit verschiedenen Worten und in den verschiedensten Sprachen wiedergegeben werden. Ist deshalb bei einem Werke der Tonkunst die Melodie schlecht, so kann — anders wie bei einem Werke der Literatur — auch sein geistiger Gehalt niemals gut sein, wie Schopenhauer sagt[2]). Für die Beantwortung der Frage, ob Identität, Selbständigkeit und Originalität einer Komposition vorhanden ist, ist demgemäß von entscheidender Bedeutung, in welcher individuellen Weise die musikalische Idee, wie sie sich in der Melodie verkörpert, durchgeführt ist. Die Melodie ist insofern in der Musik das, was bei den bildenden Künsten die Zeichnung ist; sie ist — wie diese bei den bildenden Künsten — das tauglichste Kriterium für den Tatbestand des musikalischen Nachdrucks[3]).

Was aber eine Melodie überhaupt ist, darüber herrscht in der Musikwissenschaft keinerlei Übereinstimmung und Klarheit. Es handelt sich um einen rein abstrakten Begriff, der schwer zu definieren ist, wie denn überhaupt die Musik im Gegensatz zu den anderen Künsten ihre Ideen nicht aus der sinnlichen Wahrnehmung schöpft und mit den Objekten der Erfahrung darum keine Berührungspunkte zeigt[4]). Das Urheberrechtsgesetz selbst hat es deshalb auch in Erkenntnis dieser Tatsache unterlassen, den Begriff der Melodie zu definieren. Den Standpunkt der Wissenschaft lassen dagegen im großen und ganzen die folgenden Begriffsbestimmungen erkennen:

Rietsch und Riemann bezeichnen die Melodie als »die Folge gegeneinander verständlicher Töne, wie Harmonie der Zusammenklang solcher Töne ist«[5]).

Nach Mendel ist die Melodie eine »nach bestimmten ästhetischen Gesetzen geordnete Tonfolge« und nach Frank

---

2) Schopenhauer, Ästhetik der Musik 1 § 50.

3) Wächter, Verlagsrecht 594 Anm. 2; Mandry 194.

4) Kohler, Autorrecht 177.

5) Rietsch, Die deutsche Liedweise. 1903 und Riemann, Musikalisches Lexikon, (6) 1905; vergl. auch die Zitate bei Müller, Urheberrecht 1, 57.

eine »Gesangweise, eine Reihe von Tönen, die eine musikalische Idee ausdrücken sollen[6]).

Sie alle verstehen unter Melodie das, was man landläufig darunter versteht, nämlich die Melodie in der Liedform. Auf diesem Standpunkt steht auch die Musikalische Sachverständigenkammer in Leipzig, die in dem schon erwähnten Norenschen Rechtsstreit[7]) sich auf Ersuchen des Landgerichts Leipzig dahin zu äußern hatte, was eine Melodie sei. Das Urteil des Landgerichts sagt unter Berufung auf das sachverständige Gutachten: Unter Melodie sei nach der musikalischen Kompositionslehre, im Gegensatz zu Motiv und Thema, eine Tonreihe zu verstehen, die den musikalischen Gedanken in künstlerischer, sangbarer Form, als gegliedertes, abgerundetes Ganzes verkörpere.

Diese Definition des in § 13 Abs. 2 LUG. geschützten Melodiebegriffes ist aber bei einer richtigen Auslegung dieser gesetzlichen Bestimmung zu eng. Sie klebt an alten hergebrachten Begriffen; sie hält nicht mit dem heutigen Standpunkt unserer Kompositionslehre Schritt und wird nicht dem Schaffen unserer neuesten Meister der Tonkunst gerecht, mag auch nicht zu verkennen sein, daß ihre Werke mancherlei Auswüchse enthalten. Die Begriffsbestimmung der Melodie, als reiner Liedmelodie, entspricht deshalb auch nicht mehr dem Geiste des Gesetzes. Denn dieses ist unter Berücksichtigung der jeweils herrschenden Anschauungen nach seinem vernünftigen Sinne auszulegen. Was daher die Redaktoren des Gesetzes gedacht haben, und welche Ansichten in den Kommissionssitzungen bei Beratung des Gesetzentwurfs — zumeist bei Laien auf musikalischem Gebiete — zur Geltung gelangt sind, hat hier nur bedingten Wert. Auf keinem Gebiete gilt das so, wie auf dem des musikalischen Urheberrechts; denn kein Kunstzweig hat auch gerade in den letzten Jahren solche einschneidenden Umwälzungen er-

[6]) Mendel, Musikalisches Konversationslexikon, Berlin 1870—1883, 3, 305 und Frank, Taschenbüchlein des Musikers (9) 1878.

[7]) GewRSchutz 1909, 333.

fahren wie die Tonkunst. Was unsere modernen Komponisten Melodieführung nennen, war noch zu Lebenszeiten Wagners und Brahms' als solche wohl kaum anerkannt. Von den Theoretikern kommt der gesetzlichen Begriffsbestimmung noch am nächsten Richter; er sagt: »Eine Melodie kann sein entweder ein mehr oder weniger Takte enthaltender musikalischer Satz ohne bestimmte Abgrenzung, wie er sich oft als Thema, Motiv einer Komposition findet, oder ein durch Gegensätze geschiedenes und abgeschlossenes Ganzes«[8]).

Eine richtige Auslegung des Begriffes »Melodie«, wie er in § 13 Abs. 2 LUG. geschützt ist, wird uns nun zeigen, daß wir unmöglich nur den engen Begriff der Liedmelodie — Melodie im engeren Sinne — für schutzfähig halten können, sondern daß der Schutz des § 13 Abs. 2 LUG. auch den sog. Panmelodismus — Melodie im weiteren Sinne —, umfaßt, wie er vor allem im modernen symphonischen Thema zu Tage tritt. Allein die Tatsache, daß unter den modernen Kulturvölkern der Melodiebegriff ein ganz verschiedener ist, muß uns, bei dem internationalen Rechtsschutz der Werke der Tonkunst, davon überzeugen, daß der Melodiebegriff in umfassendster Weise zu definieren ist. Der Deutsche, der Italiener und der Russe haben im Grunde genommen jeder ihre eigene Auffassung von der Melodie. Ein Lied von Brahms oder Hugo Wolff, das uns begeistert, wird den Romanen kalt lassen. Den Melodiebegriff in § 13 Abs. 2 LUG. möglichst weit zu fassen, bestimmt uns aber auch ein Rückblick auf seine geschichtliche Entwicklung. Wir finden hier, daß sich die Ansichten über den Begriff der Melodie fortgesetzt geändert und entwickelt haben.

Die Griechen zunächst hatten eine für uns unverständliche Geringschätzung für die Melodie, sie standen ihr geradezu feindlich gegenüber. Ihnen, wie den meisten Kulturvölkern des Altertums imponierte mehr der Ton an sich und die Macht des einzelnen Intervalls. Deshalb gelangten sie

---

[8]) Richter, Lehrbuch der Harmonie (10). Leipzig 1873.

auch wenig über die Erfindung melodischer Phrasen hinaus und sahen den Rhythmus als das Hauptelement in der Musik an. In diesem Sinne hat auch Hans von Bülows Ausspruch »Im Anfang war der Rhythmus« einen Anspruch auf Berechtigung. Wie die Griechen über die Melodie dachten, geht deutlich aus den Worten des Aristides Quintilianus hervor: »Das Melos ohne Rhythmus ist ohne Energie und Form. Es verhält sich zum Rhythmus wie die ungeformte Materie zum formenden Geist. Der Rhythmus ist das die Materie der Tonalität Gestaltende, er bringt die Massen in geordnete Bewegung. Er ist das Tätige und Handelnde gegenüber dem zu behandelnden Gegenstande der Töne und Akkorde des Melos«. Und an anderer Stelle führt er aus: »Einige von den Alten nannten den Rhythmus das männliche, die Melodie das weibliche Prinzip«. Auch Plato äußert dieselbe Ansicht mit den Worten: »Rhythmus und Harmonie dringen am tiefsten in das Innere der Seele ein und ergreifen sie am stärksten«.

Den Griechen war also die Melodie das formelle, der Rhythmus aber und die Harmonie das geistige Element. Wir dagegen hören gerade bei der höheren Kunstmusik kaum mehr den Rhythmus; jene Formen der Musik aber, bei denen der Rhythmus besonders stark hervortritt, wie Marsch und Tanz, erachten wir im Durchschnitt als geringwertigere Kompositionsgattungen. Diese Auffassung änderte sich erst, als in der christlichen Zeit der »gregorianische Choral« die innerliche Seite der Musik zu pflegen begann. Der damalige Gesang jedoch war Einzelgesang; man sang monoton und monodisch. Die Melodieen des gregorianischen Kirchengesanges sind ganz ohne Rücksicht auf die Harmonie erfunden. Eine Schattierung der Melodie durch Harmonisierung kannte man nicht. Erst im 9. Jahrhundert gelangte man aus der Monodie hinaus und mit der Vervollkommnung der Orgel über Monodie und Sequenzen hinweg, in der Zeit vom 13.—16. Jahrhundert etwa, zur Kontrapunktik. Diese trug aber rein architektonische Formen an sich; Stimmungsmalerei kannte man nicht, die Musik war Berechnung und Künstelei. Im 16. und 17. Jahrhundert endlich kam man, seit Palestrinas Wirken, zur Instrumentalmusik. Die starre Regel machte der Empfindung Platz, und der gebundene Stil wich dem harmonischen Satze. In jedem Tonsatze wird nunmehr die reine Liedmelodie das dominierende. Von Gluck insbesondere ausgehend erlebte sie in Haydn und in Mozart und Schubert den höchsten Grad ihrer Verinnerlichung. Aber alsbald schon tritt mit Beethoven der mächtige Verkünder einer neuen Zeit auf, die Bach würdig vorbereitet hatte. Sie beide verlassen bereits wieder die reine Melodiemusik und verschaffen der Harmonie und dem Rhythmus erneute und erhöhte Bedeutung. Sie schufen den sog. Panmelodismus (unendliche Melodie) — die Melodie im weiteren Sinne —, die in den Werken Richard Wagners zu so hoher Bedeutung gelangt ist und die auf die in der alten Liedmusik — die Melodie im engeren Sinne — groß gewordene Generation so revolutionierend gewirkt hat.

Noch heute will man vielfach diese Melodie im weiteren Sinne nicht anerkennen und man beruft sich auf die Worte Vesque von Püttlingens[9]): »Als eigentlicher Kern des musikalischen Gebildes tritt die Melodie im engeren Sinne hervor, — der selbständige, charakteristische, an sich verständliche, künstlerisch schöne musikalische Gedanke, — sie ist es, welche das Tonstück zu dem macht, daß es sich wesentlich von einem anderen unterscheidet, sie bekundet schöpferische Erfindungskraft des Tonsetzers; sie ermöglicht das Verständnis des Tonstücks, wenn sie als Thema (Motiv) sich erkennbar darstellt, d. h. als musikalischer Hauptgedanke der ganzen Komposition oder besonderer Abteilungen derselben; sie prägt sich dem Gedächtnisse der Zuhörer ein, und sie ist es, welche durch den sinnlichen Reiz ihrer Schönheit, die von jeder für Musik organisierten Natur gefühlt wird, wenngleich kein Aesthetiker ihr Wesen zu erklären vermag, den musikalischen Kunstgenuß hervorbringt und ihn oft bis zur entzückenden Begeisterung steigert«. Dagegen läßt man die

[9]) Vesque von Püttlingen 14 ff.

Melodie im weiteren Sinne, »den bloß melodischen Tongang, der in sich keine abgeschlossene musikalische Bedeutung hat«, nicht Gegenstand des Rechtes an der Melodie sein, da diese Art der Melodie des prägnanten Charakters, der sie als die individuelle Schöpfung eines bestimmten Meisters kennzeichne, entbehre. Die Vertreter dieses Standpunktes huldigen damit noch derselben Ansicht, der ebenfalls Vesque von Püttlingen in seinem sonst vortrefflichen und grundlegenden, 1864 erschienenen, Werke über das musikalische Autorrecht mit deutlicher Spitze gegen Richard Wagner in den Worten Ausdruck verliehen hat: »In diese Kategorie — nämlich zur Melodie im weiteren Sinne — gehören z. B. jene melodischen Sätze, auf welche die neueste Schule der Oper mit Beseitigung der eigentlichen Motive (der Melodie i. e. S.) die Melodie beschränkt wissen will, nach einem System, welchem die Adepten dieser Schule den Namen »Panmelodismus« und »unendliche Melodie« gegeben haben[10]).

Daß diese Auffassung zweifellos veraltet ist, hat uns der kurze geschichtliche Rückblick auf die Entwicklung und Wandlung des Melodiebegriffs von der vorchristlichen Zeit bis auf Beethoven und Wagner gezeigt. Wir werden aber in dieser Annahme noch bestärkt, wenn wir das Verständnis des durchschnittlich musikalisch gebildeten Menschen in unseren Tagen mit dem zur Zeit der klassischen Periode vergleichen. Die Musik der klassischen Periode von Gluck bis Beethoven (in der ersten Hälfte seines Schaffens) schätzt heute Jedermann im Volke; sie ist ihm vertraut und heimisch. Auch die Musik der Romantik von Weber über Spohr bis auf R. Schumann und die Musik R. Wagners in den Werken seiner früheren Periode (Rienzi, Holländer, Tannhäuser, Lohengrin) versteht und würdigt heute auch jeder; er weiß sie aber sehr wohl von den ihm viel vertrauteren Werken der klassischen Musik zu trennen. Denn sie ist etwas anderes. Die Musik Liszts und die Wagners in seiner letzten Periode (Nibelungenring, Tristan, Parsival) und die Musik

[10]) Vesque von Püttlingen 16.

von Brahms, Strauß und Reger dagegen, die die Melodie im weiteren Sinne zu immer größerer Geltung bringt, wird von den meisten nicht geschätzt, weil sie sich in alles neue und umwälzende in der Tonkunst nicht ohne weiteres hineindenken können. Es geht ihnen damit nicht anders wie den Zeitgenossen Mozarts und Beethovens, die an den Werken dieser Meister mit einem für uns jetzt unverständlichen Gleichmut vorübergegangen sind.

Die Melodie im weiteren Sinne ist nun aber durchaus nicht ein loses Aneinanderreihen von Tonfiguren, wie ihr vorgeworfen wurde und noch von vielen Seiten vorgeworfen wird; sie entbehrt auch nicht des melodischen Charakters. Wie die reine Liedmelodie ist sie ein einheitlicher Bau; es lassen sich aus diesem Bau nicht einzelne Tonfiguren herausnehmen, ohne daß dadurch der gesamte Aufbau des Werkes zerstört würde. Wir überschätzen die reine Liedmelodie, weil wir gewohnt sind, in ihr das Hauptsächlichste und das Charakteristische einer Komposition, seit den Tagen der Vorherrschaft der italienischen Opernmusik, zu erblicken; sie ist auch das Sinnfälligste und am leichtesten zu Behaltende. Rhythmus aber und Harmonie erscheinen uns dagegen in der Regel als etwas nebensächliches und untergeordnetes. Das ist aber eine durchaus veraltete Ansicht[11]).

Die moderne Musik will Stimmung erregen; sie will Empfindungen in uns erwecken, für die uns der Ausdruck fehlt, wenn wir auch die Idee, den musikalischen Inhalt der Komposition, herausfühlen. Diesen Stimmungseindruck hervorzurufen, sind alle die Faktoren berufen, die ein Werk der Tonkunst zu einem solchen machen: Stimmführung, Harmonie und Rhythmus, Modulation, Klangfarbe und Klangstärke. Sie alle geben dem Werke den individuellen Ideeninhalt und lassen in uns »das imaginäre Bild« — wie Kohler[12]) es nennt — entstehen, das uns durch das wahre und echte Tonkunstwerk vorgezaubert wird. Nicht aber ist es heute

---

[11]) Kohler, Kunstwerk 141.

[12]) Kohler, Urheberrecht 151; Kunstwerk 35.

das rein melodische Element, wie es sich in der melodieführenden Stimme kennzeichnet, allein, das in uns jene durch den Gesamteindruck hervorgerufenen eigenartigen Stimmungen erzeugt. Die reine Liedmelodie verschwindet heute immer mehr und unmerklich zugunsten einer großen allgemeinen Melodie, des Panmelodimus, der als ein in Worte nicht zu fassendes Etwas — der Seele im Menschen vergleichbar — Form und Inhalt des Tonwerkes ausmacht. Deshalb sagt auch Kohler, der lange vor dem im Urheberrechtsgesetz von 1901 geschaffenen § 13 Abs. 2 für den Melodieschutz im weitesten Sinne eingetreten ist, mit Recht: »Wenn man hier von Melodie gesprochen hat, so ist das nur ein ungenauer Ausdruck, um das Stimmungsbild zu bezeichnen, herrührend aus der Gewohnheit der unvollkommenen laienhaften Musik, deren einziges Kennzeichen in einer bestimmten Reihenfolge von Tönen liegt, während doch das Stimmungsbild vor Allem durch die Harmonik, durch die rhythmischen Wendungen und durch die zusammenwirkenden Einzelstimmen gekennzeichnet wird« [13]).

Die individuelle musikalische Ideengestaltung ist demgemäß das Endziel jeder Komposition. Die Verarbeitung und Weiterspinnung des Motivs, die Harmoniefolge und die rhythmische Gestaltung machen bei unsern neueren Meistern von Beethoven bis Strauß und Reger das Wesen des musikalischen Kunstwerkes aus. Es lassen sich aus diesem Kunstwerk nicht einzelne Figuren und Teile herausreißen, ohne daß das Ganze dadurch zerstört würde. Der Panmelodismus ist deshalb auch nicht eine unorganische Aufeinanderfolge von beliebigen Tonreihen; es ist ein ebenso einheitlicher Bau wie jede einfache Liedmelodie. Man würde den Kern der Werke unserer neueren Komponisten nicht erfassen, wollte man nur die reine Liedmelodie in ihnen mit Rechtsschutz versehen. Melodie, Harmonie und Rhythmus, Modulation, Instrumentation, Klangfarbe und Klangstärke

[13]) Kohler, Urheberrecht 151; vergl.: Kunstwerk 141; Autorrecht 169 und 222 ff.; siehe ferner: Jadassohn, Lehrbuch der Harmonie (8). Leipzig 1904, 219 ff., Über Inhalt und Form der Musik.

usw. sind bei der Melodie im weiteren Sinne ein unzertrennliches Ganzes. Die melodieführende Stimme für sich allein genommen, die Sangbarkeit der Melodie, macht nicht das Wesen moderner Kompositionen aus [14]). Die Komponisten unserer Tage haben sich weit von dem Begriff der alten Liedmelodie entfernt. Die Musik ist ihnen erhöhtes Ausdrucksmittel für Empfindungen und Schilderungsmittel für Situationen und Handlungen geworden. Auch da wo die Musik zur bloßen geistigen Tonmalerei wird, müssen wir den Schutz der Melodie gelten lassen. Und ferner, bei einem Liede von Wolff oder Cornelius, von Strauß oder Reger kann die Singstimme als Melodieführerin oft nicht als selbständiges Gebilde auftreten; sie bedarf der instrumentalen Ergänzung, ja in ihr liegt meist das eigentlich musikalische Element, während die Singstimme nur erhöhte Deklamation ist und zur konzertierenden Orchesterstimme wird.

Vom Standpunkte objektiver moderner Musikauffassung muß man demnach zu der Überzeugung kommen, daß unter Melodie im Sinne des § 13 Abs. 2 LUG. nicht allein die Melodie im engeren Sinne sondern auch die Melodie im weiteren Sinne zu verstehen ist [15]).

Wollte man nur die Melodie im engeren Sinne schützen, so hätte das zur Folge, daß die oft fragwürdigen Erzeugnisse moderner Operetten- und Tingeltangelkomponisten Schutz genössen, nicht aber diejenigen Werke der Tonkunst, die, meist dem Empfinden ihrer Zeit vorauseilend, Ewigkeitswerte bedeuten. Wer nur die Melodie im engeren Sinne, den auch ohne begleitende Stimme schön klingenden Tonsatz, schützen, oder wer gar noch die Beliebtheit einer Melodie und die dadurch bedingte wirtschaftliche Ausbeutungsfähigkeit entscheiden lassen will, müßte eine Melo-

[14]) A. M.: Riezler, Urheberrecht 230.

[15]) A. M.: Hoffman, Gegenstand des musikalischen Urheberrechts 43; er will nur die Melodie i. e. S. geschützt wissen, da die Melodie i. w. S. abhängig sei von ihrer Umgebung und infolge ihres Abhängigkeitsverhältnisses von der Harmonie bzw. Akkordfolge nur im Zusammenhange mit dieser verständlich sei.

die wie sie z. B. Bach als Thema zur Chaconne in der 4. Violin-Solo-Sonate gewählt hat, nicht als solche anerkennen und ihr den in § 13 Abs. 2 LUG. gewährleisteten Schutz versagen; denn hier machen Melodieführung, Harmonie und Rhythmus erst den melodischen Tonsatz aus. Daß aber auch die Komponisten, die in ihren Tonwerken dem Panmelodismus huldigen, ihre Werke als vom Standpunkt der Melodiemusik aus geschrieben wissen wollen, und daß demnach der Panmelodismus im Grunde genommen weiter nichts ist als eine Erweiterung einer uns bisher unbekannten Form der Melodiemusik, das sagt uns der erste und vornehmste Verkünder des Panmelodismus, Richard Wagner, mit den Worten in seiner Zukunftsmusik: »Die einzige Form der Musik ist die Melodie, ohne Melodie ist die Musik gar nicht denkbar, und Musik und Melodie sind durchaus untrennbar«. Am besten aber trifft wohl die Grundgedanken vorstehender Erörterungen Robert Schumann, wenn er sagt:

> »Melodie ist das Feldgeschrei der Dilettanten und gewiß, eine Musik ohne Melodie ist gar keine. Verstehe aber wohl, was jene darunter meinen, eine leichtfaßliche, rhythmisch gefällige gilt ihnen allein dafür. Es gibt aber auch andere anderen Schlages und wo Du Bach, Mozart, Beethoven aufschlägst, blicken sie Dich in tausend Weisen an: des dürftigen Einerleis namentlich neuerer italienischer Opernmelodien wirst Du hoffentlich bald überdrüssig«.

Der oben S. 26 aufgestellte Satz, daß Komponist einer Melodie der ist, dessen eigener individueller, formgestaltender Geistestätigkeit die Melodie entsprungen ist, erleidet nun insofern eine Ausnahme, als durch Verarbeitung, Anordnung, Auswahl und Verbindung bereits vorhandenen gemeinfreien Melodiestoffes eine völlig eigenartige individuelle Wirkung erzielt und eine neue geschützte Melodie geschaffen werden kann. So ist z. B. das Pfeiflied aus der Operette »Frühlingsluft« aus Melodiebruchstücken von Jos. Strauß zusammengestellt und damit eine neue Melodie von individueller Eigenart entstanden.[16]) Das Werk der Tonkunst im Sinne des § 1 LUG. braucht danach nicht in dem Sinne original zu sein, daß es frei erfunden sein müßte. Hier wird durch die gegensätzliche Wirkung der zusammengesetzten und verarbeiteten fremden Motive etwas durchaus Neues hervorgebracht, und auch solche Melodieen genießen den Schutz des § 13 Abs. 2 LUG. gegen Benutzung und Bearbeitung.

Von diesem allgemeinen Satz gibt es aber noch eine weitere Ausnahme insofern, als sich der Gegenstand des Rechtes an der Melodie unter Umständen auch auf die Eigenart der Harmonisierung einer gegebenen Melodie erstrecken kann[17]), allerdings niemals auf die bloße Veränderung der rhythmischen Grundlagen einer Komposition — z. B. Benutzung Wagnerscher Themen in Märschen. Beethoven, Haydn, Brahms, besonders auch Bach und Mendelssohn, u. a. haben alte Melodieen, letztere vor allem Choräle, in schöpferischer Weise bearbeitet und dem vorhandenen Stoffe zu neuen klanglichen Wirkungen verholfen. Die Melodie als solche — meist wird es sich um zu Volksliedern gewordene Kunstlieder handeln, da das Volkslied an sich schwerlich schöpferischer Umwandlungen fähig ist — bleibt natürlich stets gemeinfrei, wenn es sich auch z. B. um die kunstvollen erstmaligen Bearbeitungen der Lieder fremder Länder und Völker handelt. Jeder andere kann sie von neuem bearbeiten und harmonisieren. Nur die Benutzung in der individuellen, neuartigen Bearbeitung ist unstatthaft[18]). Die Rechte des Originalkomponisten leben auch hierdurch nicht ohne weiteres wieder auf. Meldet sich aber derjenige, dessen vermeintlich zum Volksliede gewordene Melodie in gutgläubiger und dadurch zulässiger Weise bearbeitet worden ist, so kann sich ergeben, daß ein Miturheberrecht entsteht und zwei Personen Urheberrechte geltend machen können: der Komponist der Melodie

[16]) Daude, Gutachten 243.
[17]) Vergl. Vesque von Püttlingen 90; Allfeld 56.
[18]) Daude, Gutachten 258, 270; Daude, Kommentar 7 ff.

an seiner Melodie und der Bearbeiter an seiner Bearbeitung[19]).

Bei allen solchen Bearbeitungen muß es sich aber um eine individuelle schöpferische Tätigkeit handeln. Es darf also der Melodie nicht die einfache Akkordfolge untergelegt werden, die sie naturnotwendig in sich trägt. Eine Melodie nämlich, die nur Melodie und nicht zugleich auch Harmonie ist, gibt es nicht. Jede Melodie muß, sich auf der Tonika aufbauend, bestimmte Harmonieenfolgen haben, sonst sind es zusammenhangslose Tonempfindungen. Weicht nun die Harmonisierung derart von der einfachen natürlichen Harmonie ab, daß sie gewissermaßen eine Variation der natürlichen Harmonie bildet, so liegt eine selbständige, formgestaltende Tätigkeit vor, die des Schutzes bedarf. Eine solche muß aber nachgewiesen werden können, da § 12 LUG. den Grundsatz aufstellt, daß die Bearbeitung schlechthin nicht als Originalkomposition anzusehen ist (vergl. auch § 13 Abs. 2 und § 14 LUG.). Sie ist ein Recht des Originalkomponisten.

Bei der Frage nach dem, was Gegenstand des Melodieschutzes ist, kommt es nun auf den musikalischen Wert einer Komposition nicht an. Die Melodieen in einem Gassenhauer, in einer Symphonie oder Oper und Operette genießen den gleichen Schutz[20]). Das Maß der erforderlich gewesenen geistigen Arbeit, der Umfang und Inhalt, die Kunstform ist gleichgültig. Es wird nur ein Erzeugnis eigener geistiger Tätigkeit gefordert. Das Gesetz schützt nicht nur die bedeutenden Leistungen, sondern will auch den kleinen Geistern, den Vielzuvielen auf dem Gebiete der Komposition, die Früchte ihres Schaffens gewähren. Es darf daher einer Melodie der Schutz nicht versagt werden, weil sie nach Umfang zu gering ist und nach Inhalt zu tief steht[21]). Ein musikalisch schlecht ausgedrückter Gedanke ist zwar stets schlecht, — während ein schlecht ausgedrückter

---

[19]) Die Rechtsverhältnisse regeln sich nach § 6 LUG.: siehe oben S. 29 ff.

[20]) Allfeld 56.

[21]) RGSt. 12, 360; 15, 61; 19, 199.

literarischer Gedanke immer noch an sich gut sein kann —, für das Maß des Schutzes solcher minderwertiger Musikware ist das aber nicht ausschlaggebend[22]). Was gut oder schlecht ist, ist auch auf keinem Gebiete so von der subjektiven Anschauung abhängig wie auf dem der Musik. Die Melodie muß nur den Gesetzen der Kunst entsprechen; eine Katzenmusik oder die rein rhythmischen Begleitungen zu Tänzen exotischer Völker sind keine »Werke der Tonkunst«. Demgemäß gehört zu einer Melodie, als einem »Werke der Tonkunst«, daß sie zum mindesten aus einer eigenen, geregelten Geistestätigkeit, wenn auch auf untergeordnetem Gebiete, hervorgegangen ist; sie muß wenigstens die Absicht haben, sich in die Sphäre des Kunstmäßigen zu erheben und ideelle, geistige Wirkungen hervorzubringen.

Weiterhin ist für den Begriff der Melodie ihre wirtschaftliche Ausbeutungsfähigkeit nicht mitbestimmend, wenn sie auch bei Verletzungen des Rechtes an der Melodie und den sich hieraus ergebenden Rechtsfolgen von Bedeutung ist. Auf die Originalität, nicht auf die Verkehrsbrauchbarkeit der Melodie kommt es in erster Linic an. Das Recht des Schutzes geistiger Arbeit ist keineswegs lediglich auf die »ökonomische Nutzung« beschränkt[23]). Man müßte sonst heute nur die Musik leichteren Schlages, die bei unserer musikalischen Geschmacksrichtung fast allein wirtschaftlichen Nutzen bringt, unter den Schutz des § 13 Abs. 2 LUG. stellen, aller ernsten modernen Musik aber den Schutz zumeist versagen. Denn bei allen großen Tonwerken pflegt die wirtschaftliche Ausbeute — von Ausnahmen abgesehen — zunächst verschwindend gering zu sein und sich erst dann einzustellen, wenn ihr Urheber die Vorteile daraus nicht mehr ziehen kann.

Auch auf die Beliebtheit der Melodie kommt es nicht an. Dann dürfte man im allgemeinen die Melodie im weiteren Sinne überhaupt nicht schützen. Man müßte auch

[22]) Voigtländer, Urheberrecht 4. [23]) RGSt. 36, 10.

allein den sinnfälligen Melodieen moderner Lieder- und Walzerkomponisten den Schutz des § 13 Abs. 2 LUG. gewähren, ihn aber den bei der großen Masse gänzlich unverstandenen Werken von Strauß, Reger, Pfitzner, Schillings und anderen versagen. Deshalb ist es nicht richtig, wenn Kuhn definiert: »Der Gegenstand des Melodieschutzes nach § 13 Abs. 2 Gesetzes vom 19. Juni 1901 ist eine rhythmische Tonfolge, welche das Gepräge der Abgeschlossenheit und Selbständigkeit trägt und vermöge ihrer Beliebtheit für sich einer erheblichen wirtschaftlichen Ausbeutung fähig ist« [24]).

Jede Melodie muß aber ein selbständiges, organisches Ganzes sein, nicht eine bloße Folge von Tönen. Infolge der äußeren Rhythmik muß sie in ihrem Verlaufe in einzelne hervorragende Punkte zerfallen, durch die sie dann in Abschnitte, Perioden, Vor- und Nachsätze und Motive geschieden wird. Sich auf der Tonika aufbauend muß sie mit dieser oder bei der modulierenden Melodie mit der neuen Tonika abschließen; falls sie jedoch mit der Terz oder Quinte endigt, muß der harmonische Baß und in ihm die Tonika den Abschluß bringen. Es würde sonst bei jeder Melodie, der Melodie im weiteren und engeren Sinne, etwas fehlen [25]).

Schließlich wird von jeder Melodie, als etwas Selbstverständiges im Grunde genommen, verlangt, daß sie der Umwandlung und Variierung fähig ist und zur Grundlage von Bearbeitungen jeder Art gemacht werden kann.

Endlich bedeutet es für das Maß des Schutzes einer Melodie nichts, ob sie niedergeschrieben und dem Verkehr übergeben oder ob sie bloß improvisiert ist. Die Improvisation, die Musik der Zigeuner und die Musik des Extrems im Ausdruck und im Rhythmus, ist auf musikalischem Gebiete viel bedeutender als auf literarischem. Die Eingebung des Augenblicks spielt nirgends eine größere Rolle als in der Musik, und es kann dadurch die herrlichste

[24]) Kuhn, Gegenstand des Melodieschutzes 46.
[25]) Weimann, Zur Struktur der Melodie 57 u. 57 Anm. 1.

Melodie geschaffen werden. »Was der Musiker, der in freier Phantasie den plötzlich aufsteigenden Ideen auf seinem Instrumente Ausdruck verleiht, in einem glücklichen Augenblick schafft, kann, wenn es durch Nachschreiben festgehalten wird, für die Kunst von größtem Werte sein«[26]). Es muß nur ebenso wie beim Schriftwerk von der Improvisation die Fähigkeit verlangt werden, daß sie, um als schutzfähige Melodie zu gelten, in Notenzeichen niedergeschrieben werden kann[27]). —

Eine Melodie im Sinne des § 13 Abs. 2 LUG. und mithin Gegenstand des Rechtes an der Melodie ist nun nicht das Motiv, und zwar der Motivbegriff, den wir heute darunter verstehen, nicht der, den das Urheberrechtsgesetz von 1870 darunter verstanden wissen wollte. — Nach diesem Gesetz war nämlich das Motiv nur eine Unterart der Melodie, da § 46 LUG. von 1870 den Abdruck von Melodieen wie auch Motiven in gleicher Weise schützte[28]). — Das Motiv im heutigen Sinne ist noch nichts Fertiges, in sich Abgeschlossenes wie die Melodie. Es ist der reine musikalische Gedanke, das Ursprüngliche in der Musik; durch Verarbeitung eines oder zumeist mehrerer Motive wird erst das musikalische Stimmungsbild, das »Werk der Tonkunst«, erzeugt. Das Motiv ist der Erreger einer ganzen Fülle von Tonbildern; wenn es auch melodisch klingt, so ist es doch noch kein fertiges Werk der Tonkunst. Es ist die einfachste Tonform, auf die sich als ihrem Kern die anderen Tonformen der Komposition zurückführen lassen. Thema dagegen und Melodie sind eine Weiterentwicklung des Motivs zu einer bestimmten Abgeschlossenheit[29]). Das Motiv ist also noch nichts Selbst-

[26]) Allfeld 59.

[27]) So: Wächter, Autorrecht 295; Goltd Arch. 12, 249; a. M.: Scheele 4; Endemann 72. Was allerdings letzterer mit dem Satze meint: »Von dem musikalischen Vortrag (ob durch den Mund oder die Hand, ist einerlei), habe man solche musikalische Expektorationen zu unterscheiden, die gar nicht den Namen eines ‚Vortrages', sei es auch nur zur ‚Unterhaltung', verdienten«, ist nicht recht zu verstehen.

[28]) Drucksachen des Reichstages des Norddeutschen Bundes 1870. 2 Nr. 7 zu § 48 des Entwurfes.

[29]) Schuster, Urheberrecht 68.

ständiges und Sicheres, kein bestimmtes Tonbild; es tritt immer nur als wesentlicher Bestandteil einer Melodie, in den seltensten Fällen allein auf. »Das Recht« aber »kann immer nur die Schöpfung krönen, es kann nicht den Einfall, welcher den Weg zur Schöpfung weist, mit dem Alleinrecht belohnen«[30]). Der Schutz des § 13 LUG. greift also dann erst ein, wenn durch Verarbeitung eines oder mehrerer Motive, sei es zur einfachen Liedmelodie oder unter Zuhilfenahme von Harmonie und Rhythmus zur Melodie im weiteren Sinne, ein festumgrenztes »Werk der Tonkunst« entstanden ist[31]).

Ebenso genießt das sogenannte Leitmotiv nicht den Schutz des § 13 Abs. 2 LUG., da auch dieses nicht als fertige Melodie anzusehen ist. Man versteht darunter ein öfters wiederkehrendes Motiv von bestimmtem rhythmischen, melodischen oder auch harmonischen Aufbau, das durch die Situation, bei der es auftritt, oder durch die Worte oder Handlungen, bei denen es gebraucht wird, eine eigenartige Bedeutung erhält, und überall da, wo es wiederkehrt, dieselben Erinnerungen und Empfindungen wachrufen soll. Sein Charakter ist deshalb ein fanfaren- und signalartiger, wenn auch nicht mit dem Signal auf die gleiche Stufe zu stellen. Es besteht oft nur aus den Tönen des Dreiklanges, und diese ursprüngliche Einfachheit ist um einer bestimmten Charakterisierung willen oder in symbolisierender Weise absichtlich gewählt. Ihm haftet daher etwas Bestimmtes, aber vielfach Lebloses und Seelenloses an und deshalb giebt es uns kein individuelles Tonbild, kein »Werk der Tonkunst«[32]).

Gegenstand des Rechtes an der Melodie ist ferner nicht das Signal. Es ist keine Melodie im Sinne des § 13 Abs. 2 LUG., kein »Werk der Tonkunst«, da ihm die künstlerische

[30]) Kohler, Kunstwerk 139.

[31]) A. M.: Lindemann zu § 13 Abs. 2 Anm. 3 und Kuhlenbeck 72.

[32]) Vergl. z. B. Richard Wagners Leitmotiv des Rheins, des Schwerts, des Rheingolds aus der Ring-Tetralogie, die Fanfaren im Lohengrin, die Meistersinger, das Trompetensignal in Beethovens Fidelio, das Leitmotiv in Strauß' »Also sprach Zarathustra«.

Individualität mangelt. Das Signal ist vielmehr ein durch Willkür geschaffenes, praktisches Verständigungsmittel. Der Zweck künstlerischer Wirkung waltet nicht vor. Es will kein Kunstwerk sein und nur den Anforderungen des praktischen Lebens und der Befriedigung menschlicher Bedürfnisse dienen. Das Signal hat sonach lediglich Zweckbestimmung. Die Musik als Kunst ist aber durchaus selbstlos und somit an sich zwecklos, obgleich sie ein bedeutsamer Faktor in unserem wirtschaftlichen Leben ist; ihre charakteristische Erscheinung ist das rein Künstlerische. Deshalb schützt § 1 LUG. auch nur »Werke der Tonkunst«. Dem Signal aber »fehlt der künstlerische Charakter, weil die Darstellung einen bestimmten, außerhalb des Kreises des künstlerischen Verkehrs liegenden Zweck verfolgt, sie hat nicht den selbstlosen Charakter der künstlerischen Produktion«[33]). Ist deshalb das Signal kein »Werk der Tonkunst«, so ist es auch keine Melodie. Es entbehrt somit des urheberrechtlichen Schutzes der Werke der Tonkunst.

Schließlich sind nicht Gegenstand des Rechtes an der Melodie und genießen nicht den Schutz des § 13 Abs. 2 LUG. alle die Hilfsmittel, deren sich der Komponist als äußerer Ausdrucksmittel in der Musik bedient. Denn

---

[33]) Kohler, Urheberrecht 128; vergl. auch Autorrecht 189; Kunstwerk 2; und: Bettelheim 587; Hoffmann 12; Schmidt, Österreichisches Urheberrecht 21; a. M.: Allfeld 56; Crome 4, 55; Kuhlenbeck 72; Mitteis 145; Müller 1, 121 unter der Voraussetzung, daß eine individuelle geistige Tätigkeit vorliege. Ferner: Schuster, Urheberrecht 59; Grundriß 15; nach ihm entbehren Militär-, Post-, Feuerwehr-, Jagd-, Eisenbahnsignale nicht eines künsterischen Charakters und er will ihnen als Geistesprodukte Schutz gewähren. Der künstlerische Charakter ist bei Signalen aber stets zu verneinen. Ihr Charakter ist, wie oben ausgeführt, ein durchaus unkünstlerischer; sie sind nur zu praktischen Zwecken erdacht. Es kann an einer Signalsammlung allerdings sehr wohl ein literarisches Urheberrecht, nicht aber ein musikalisches erworben werden. Das gilt besonders von Signalen, die zur Ergänzung und Ausführung von Vorschriften erlassen werden. Denn in den meisten Fällen sind die Signale vom Staate oder anderen öffentlichen Verbänden zur Befehlsübermittlung oder -Ausführung erfundene Hilfsmittel, und als solche genießen sie im Anschluß an die diesbezüglichen Dienstvorschriften den Schutz des § 1 LUG. als Werke der Literatur.

Gegenstand des Rechtes an der Melodie ist nicht die äußere und innere Form der Melodie an sich. Diese kann man nachahmen, sofern nur ein neuer Gedankeninhalt in die alten Formen gegossen wird. »Das Wesentliche ist die Anpassung der Gedanken an eine Form und diese wird eine andere, wenn andere Gedanken hineingelegt werden.« [34])

Deshalb ist auch die Harmonie, das Zusammenklingen verschiedener in bestimmten Beziehungen zueinander stehender Töne, und der Rhythmus, das Verhältnis der Töne zueinander hinsichtlich der Zeitdauer, für sich allein nicht Gegenstand des Melodieschutzes. Sie sind nur Mittel der Darstellung der äußeren Form, wenn auch untrennbare Bestandteile der Melodie. Die Originalität einer Melodie wird aber erst durch das Verhältnis der vorhergehenden und nachfolgenden Harmonieen und durch die Eigenart der rhythmischen Gliederung, verbunden mit der melodieführenden Stimme, erzeugt. Nun zeigt sich zwar auch in der Erfindung eigenartiger Zusammenklänge, neuartiger Harmonieenfolgen und kühner rhythmischer Bewegungen die Erfindungskraft eines Komponisten, und gerade unsere großen Meister wie Bach, Beethoven, Brahms und andere bedeutende Komponisten haben sich hier nicht minder originell gezeigt wie in der Melodieführung, ja oft liegt darin allein ihre Originalität; aber sie machen für sich allein noch nicht das Kunstwerk aus. Erst durch das Zusammenwirken der drei Faktoren: Melodie, Harmonie und Rhythmus entsteht das »Werk der Tonkunst«, das Tongemälde. In ihm ist die Melodie der Hauptfaktor; sie ist der Umriß des Gemäldes, das lineare Moment; Harmonie und Rhythmus vertreten dagegen das rein Malerische; sie geben dem Gemälde Licht und Schatten, Farbe und Fülle, Wärme, Einheit und Bestimmtheit[35]). Der Ausspruch Mozarts: »Das Notwendigste und Härteste und die Hauptsache in der Musik ist das Tempo« bedeutet eben nur, daß das Tempo eine naturnotwendige

---

[34]) Kohler, Urheberrecht 156.

[35]) Vergl. Vischer. Ästhetik. Die Musik, 892. Stuttgart 1857.

Voraussetzung jeder Melodie ist, weil das Tempo oder der Rhythmus der Musik erst Festigkeit, Ordnung und inneren Halt gibt. Aber Musik — also ein »Werk der Tonkunst« im Sinne des § 1 LUG. und eine Melodie im Sinne des § 13 Abs. 2 LUG. — ist der Rhythmus allein noch nicht, wie Billroth meint. Und ferner können einer Melodie die verschiedensten Harmonieenfolgen untergelegt werden, es bleibt immer doch dieselbe Melodie. Handelt es sich dabei um eine eigenartige, individuelle Harmonisierung, so wird eben, wie oben ausgeführt[36]), die Melodie mit dieser besonderen Harmonie geschützt. Wird dagegen einer Melodie nur die Harmonie untergelegt, die jede Melodie in sich tragen muß, so ist diese Harmonie niemals Gegenstand des Melodieschutzes. Durch Hinzufügung einer völlig anderen Melodie zu derselben Harmonieenfolge kann nämlich der musikalische Grundcharakter des Tonsatzes vollkommen geändert werden; die Melodie aber bleibt trotz Änderung der Harmonieenfolge immer dieselbe und äußerlich erkennbar[37]). Es muß deshalb die Benutzung fremder Harmonieen und Harmonieenfolgen und Rhythmen als solcher gestattet sein. Sie sind nicht Gegenstand des Rechtes an der Melodie, da sich in ihnen allein nicht die musikalische Idee verkörpert[38]).

Das Gleiche gilt von der Modulation, Instrumentation, Vokalisation, da auch sie an sich noch nicht ein »Werk der Tonkunst« ausmachen.

Auch die Methode, die Vortragsweise, der Stil — der bei sklavischer Anlehnung an sein Vorbild nirgends leichter als in der Musik zur Manier wird — sind nicht Gegenstand des Rechtes an der Melodie. Selbst das Genie bedient sich des Stils eines anderen Meisters, an dem es lernt und

36) Vergl. S. 49 ff.

37) Vergl. Vesque von Püttlingen 28 ff.; Schuster, Urheberrecht 80; Mandry 149 Anm. 6; Wächter, Autorrecht 305.

38) Davon wohl zu unterscheiden ist der oben (S. 49) erörterte Fall, daß eine gegebene, gemeinfreie Melodie in individueller Weise harmonisiert ist. Hier ist Gegenstand des Rechtes an der Melodie: die Melodie mit dieser Harmonisierung als ein selbständiges Ganzes, nicht die Melodie oder die Harmonieenfolge an sich.

sich bildet, wenn auch allerdings nur das Genie wiederum eine eigene Stilrichtung zu schaffen vermag. Mag in der Erfindung einer neuen Kunstgattung oft die höchste Originalität liegen — so ist z. B. Richard Wagner als der Erfinder des leitmotivischen Musikdramas anzusehen — und mag sie bestimmt sein, die Kunst in gewisser Richtung von Grund aus umzugestalten, es wäre aber der Tod jeder weiteren Fortentwicklung dieser Kunstgattung, wollte man solche äußeren abstrakten Eigenschaften gegen Benutzung schützen. Es bleibt allerdings niemandem unbenommen, seine Urheber*schaft* hinsichtlich einer bestimmten Kunstrichtung gerichtlich feststellen zu lassen.

Ferner genießen keinen Melodieschutz *die musikalischen Bezeichnungen* und die *Erfindung neuer Klangmittel* und *Klangfarben*; erstere können unter Umständen literarischen Urheberrechtsschutz, vergl. z. B. die Bülowschen Klassikerausgaben, genießen, letztere patentamtlichen Schutz erlangen[39].

Dasselbe gilt von neuen *Erfindungen in der äußeren Form und Anordnung* der Komposition und von *stereotypen Tonmalereien*, die bestimmte Vorstellungen erwecken und zur Charakterisierung bestimmter Personen und Handlungen dienen sollen.

Alle diese *Darstellungsformen* sind *äußerliche Hilfsmittel* der künstlerischen Produktion. Mögen sie in noch so künstlerisch neuartigem und eigenartigem Gewande erscheinen, sie machen an sich nicht den *wesentlichen Inhalt* eines »Werkes der Tonkunst« aus. Dieser liegt in der *individuellen Gestaltung der musikalischen Idee* unter Zuhilfenahme dieser äußeren Mittel. Abstrahieren läßt sich dieses »imaginäre Bild« nicht; die Definition seines Begriffs ist eine rein gefühlsmäßige Sache. Die äußeren Hilfsmittel des melodischen Tonsatzes können nur im Zusammenhange mit dem Tonsatze selbst Gegenstand des Rechtes an

---

[39]) Vergl. *Schuster*, Urheberrecht 75; Grundriß 20 Anm. 2; *Müller* 1, 21; *Kuhlenbeck* 72.

der Melodie sein, wohingegen der melodische Tonsatz an sich allerdings schon Gegenstand dieses Rechtes sein kann[40]). Sie muß der Komponist als allmählich historisch gewordene Voraussetzungen des musikalischen Ausdrucks von anderen Komponisten übernehmen. Er kann sie ausbauen und auf ihnen von neuem schöpferisch aufbauen. Wie er dann den musikalischen Bau mit diesem Material in individueller, eigenartiger Weise errichtet, das ist die Aufgabe seiner formgestaltenden Tätigkeit als Komponist. Entbehren kann er aber diese Hilfsmittel nicht. Kein Mensch ist in dem Sinne original, daß er alles aus sich selbst heraus schaffen könnte. Sowohl in der Form als auch im Inhalt weist er stets in einigen Beziehungen wenigstens Vorgänger und Vorarbeiter auf. »Denn«, sagt Goethe, »das größte Genie wird niemals etwas wert sein, wenn es sich auf seine eigenen Hilfsmittel beschränkt.«

Schließlich sei noch erwähnt, daß Gegenstand des Rechtes an der Melodie nicht eine Melodie sein kann, die gegen die guten Sitten oder gegen ein gesetzliches Verbot verstößt. So war aus sittlichen Gründen während der großen Revolution in Frankreich der sog. Kuhreigen verboten und aus politischen Gründen in der Kaiserzeit Frankreichs die Marseillaise[41]). —

Gegenstand des Rechtes an der Melodie ist nach alledem die individuelle künstlerische Form, in der der Komponist seine musikalischen Gedanken in die äußere Erscheinung bringt, »das Werk der Tonkunst« also, und zwar mag es in einer einfachen Liedmelodie bestehen, die auch ohne Begleitung sinnfällig und schön wirkt (Melodie im engeren Sinne), oder mag es ein melodischer Tonsatz sein, der erst durch Zusammenwirken von Melodieführung, Harmonie und Rhythmus zur Melodie wird (Melodie im weiteren Sinne). Im letzteren Falle ist der Gegenstand des Rechtes an der Melodie im großen und

[40]) Vergl. Schuster, Urkeberrecht 6 und Kohler, Autorrecht 168, 197.
[41]) Schuster, Urheberrecht 53: a. M.: Kuhlenbeck 73; vergl. ferner die analogen Vorschriften in den §§ 134, 138 BGB.

ganzen identisch mit dem Gegenstand des musikalischen Urheberrechts überhaupt. Diese Begriffsbestimmung entspricht somit der französischen Rechtsauffassung, wonach die Melodie bald mit motif, thème, phrase, air, bald mit idée musicale bezeichnet wird. Auf die Höhe der Geistestätigkeit kommt es nicht an; gefordert wird lediglich ein gewisses Maß von formgestaltender Geistestätigkeit, sonst bleibt auch die geistreichste musikalische Idee eine bloße Idee. Die Melodie, die eine konkrete Gestaltung der Ideen des Komponisten darstellen muß, muß sodann ein selbständiges Gepräge tragen; auf ihrer Grundlage muß sich als auf dem gewählten, in sich geschlossenen Thema ein neues Tonwerk aufbauen können. Sie muß also der Bearbeitung und Verarbeitung fähig sein. Selbständigkeit, Geschlossenheit, Umwandlungsfähigkeit sind demnach drei Haupterfordernisse jeder Melodie. Nicht jedoch kommt es auf ihre Beliebtheit und die dadurch in der Regel bedingte wirtschaftliche Ausbeutungsfähigkeit an.

Das Ergebnis der vorstehenden Betrachtungen über den Gegenstand des Rechtes an der Melodie ist also:

Die Melodie im Sinne des § 13 Abs. 2 LUG. ist ein selbständiger, in sich geschlossener, umwandlungsfähiger Tonsatz.

Fünfter Abschnitt.

Der Inhalt des Rechtes an der Melodie.

Inhalt des Rechtes an der Melodie ist die Beantwortung der Frage, wann nach § 13 Abs. 2 LUG. eine Melodie erkennbar einem Werke der Tonkunst entnommen und einer neuen Arbeit zugrunde gelegt ist. Diese Frage ist nicht minder streitig [1]) wie die nach dem Gegenstand des Rechtes an der Melodie überhaupt, und zwar deshalb, weil ihre Beantwortung zumeist vom subjektiven Ermessen abhängig ist, und weil sich im Zweifel nur von Fall zu Fall entscheiden läßt, ob ein Verstoß gegen § 13 Abs. 2 LUG. vorliegt. Man muß nämlich in Betracht ziehen, daß auf keinem Gebiete geistiger Tätigkeit die Produktion des einen einen so merklichen Einfluß auf jene des anderen ausübt wie auf dem der Tonkunst. Jeder Komponist läßt die musikalischen Ideen anderer Komponisten anregend auf sich einwirken und

[1]) Über die gegenteiligen Meinungen vergl.:

Bauer, Musikalisches Urheberrecht 55; Dambach, Urheberrecht 222 ff.; Dernburg 6, 83; Endemann 74; Gierke 1, 797; Klostermann, Geistiges Eigentum 176; Urheberrecht 69, 121, 220; Mandry 201 ff.; Opel, Theaterrecht 405 ff.; Renouard, Traité des droits d'auteurs 2, 68; Schuster, Urheberrecht 186 ff.; Scheele 123 ff.; Slater, The law relating to copyrigth and art 17; Vesque von Püttlingen 13 ff., 88.

Diese sind unbedingte Gegner des Melodieschutzes in der in § 13 Abs. 2 LUG. ausgesprochenen Form.

Ferner:

Allfeld 55, 132 ff.; Darras, Des droits intellectuels 1, 467; Daude, Kommentar zum Urheberrecht 41 ff.; Dunant, Du droit des compositeurs de musique 146; Dungs, Lehrbuch des Urheberrechts 39; Hoffmann 43 Kadlec, Aufführungsrecht 177; Kremer 38; Kohler, Urheberrecht 128 ff., 150 ff.; Autorrecht 221 ff.; ArchZivPrax. 82, 257 ff.; Kuhlenbeck 72, 126; Lindemann zu § 13 Abs. 2 LUG.; Leander in GewRSchutz 1899, 291; Neftel in DJZ. 1907, 1079; Riezler, Urheberrecht 230; Röthlisberger, Der interne und der internationale Schutz des Urheberrechts 238; Wächter, Verlagsrecht 594 Anm. 2; Autorrecht 301 ff.; vergl. auch das Urteil des Landgerichts Leipzig im Falle Noren, GewRSchutz 1908, 247 ff., und das Berufungsurteil des Oberlandesgerichts Dresden in dieser Sache, GewRSchutz 1909, 332 ff.

Diese sind mehr oder weniger Anhänger des in § 13 Abs. 2 ausgesprochenen Melodieschutzes.

benutzt von anderen die zu ihrer Versinnlichung dienenden materiellen Tonmittel. Sodann tragen die Kompositionen bestimmter Zeiten und Völker alle den gleich ausgeprägten Charakter. Selbst die erfindungsreichsten Komponisten bewegen sich in entlehnten Tongängen und Formen infolge der durch unser Musiksystem gegebenen Intervallenverhältnisse und Tonarten; ihre Individualität als selbständig schaffende Künstler büßen sie deshalb nicht ein[2]). Endlich auch vermag man durch geringfügige Veränderungen die Grundideen musikalischer Werke in die verschiedensten äußeren Erscheinungsformen umzuwandeln, ohne daß das ursprüngliche Werk dadurch ein völlig neues, individuelles Geistesprodukt würde. Trotzdem aber wird es oft schwer halten, in solchen Fällen eine bewußte Melodiebenutzung nachweisen zu können.

Obgleich nun auch das Urheberrechtsgesetz in § 13 Abs. 1 nicht nur für Werke der Literatur, sondern auch für solche der Tonkunst den Grundsatz vertritt, daß es niemandem versagt sein solle, die Ideen anderer zu verwerten, und daß jedes Geisteswerk vermöge der ihm innewohnenden Bestimmung, zur Schaffung neuer Geisteswerke anzuregen, sich die Benutzung durch andere gefallen lassen muß, wenn das Ergebnis der Benutzung sich als selbständige Geistesarbeit darstellt, hat es trotzdem in § 13 Abs. 2 hinsichtlich der Melodie eine Ausnahme von der Regel gemacht und jede erkennbare Melodieentnahme verboten, die in der Absicht geschieht, sie einem neuen Tonwerk als Thema zugrunde zu legen.

Die Gründe hierfür entbehren nicht der Berechtigung. Ein Werk der Literatur ist nämlich niemals in dem Maße umwandlungs- und verarbeitungsfähig wie eine Melodie, der Hauptbestandteil jedes Werkes der Tonkunst. Bei einem Werke der Tonkunst hängt Wert oder Unwert oft nur von wenigen guten Melodieen ab, die der Be- und Verarbeitung in der mannigfachsten Weise fähig sind, ohne daß die in

[2]) Vergl. Vesque von Püttlingen 13.

diesen Melodieen verkörperte musikalische Idee abgeändert wird oder verschwindet. Das ist bei einem Werke der Literatur ganz anders; hier können dieselben Gedanken immer wieder mit anderen Worten und Redewendungen ausgedrückt werden. Es läßt sich auch bei einem Werke der Tonkunst im Gegensatz zu einem Werke der Literatur ein Unterschied zwischen kritisch und wissenschaftlich oder ethisch und ästhetisch verwerflicher Benutzung und der einfachen Übernahme fremder Ideen nicht machen.

Deshalb war man schon lange vor dem Urheberrechtsgesetz von 1901 darüber im klaren, daß die Melodie, als der Bestandteil, in dem sich allein die individuelle Ideengestaltung eines Werkes der Tonkunst offenbare, in anderer und stärkerer Weise zu schützen sei als ein Erzeugnis der Literatur. Nur über die Art des Schutzes war man sich nicht einig. Viele wollten insbesondere nicht den strengen Standpunkt gesetzlich festgelegt wissen, den die französische Rechtsprechung allmählich durch die uneingeschränkte Anerkennung des droit de mélodie eingenommen hatte. Zudem war man sich von vornherein bewußt, daß es sich schwer feststellen läßt, wo bei Benutzung fremder Werke der Tonkunst die eigentlich künstlerische Bearbeitung beginnt. Diesem Gedanken wurde auch mehrfach in der Begründung des Gesetzentwurfes Ausdruck gegeben. Die im § 13 Abs. 2 des Entwurfes vorgeschlagene Fassung wurde denn auch erst Gesetz, nachdem man — wie oben S. 20 ff. ausgeführt — bis zuletzt über Beibehaltung und Normierung der Vorschrift geschwankt hatte. Damit aber hat man sich auch in Deutschland im Wege der Gesetzgebung auf den Standpunkt der französischen Rechtsprechung hinsichtlich des Schutzes der Melodie gestellt, den man ursprünglich hatte vermeiden wollen.

Der § 13 LUG. lautet nun:

»Unbeschadet der ausschließlichen Befugnisse, die dem Urheber nach § 12 Abs. 2 zustehen, ist die freie Benutzung seines Werkes zulässig, wenn dadurch eine eigentümliche Schöpfung hervorgebracht wird.

Bei einem Werke der Tonkunst ist jede Benutzung unzulässig, durch welche eine Melodie erkennbar dem Werke entnommen und einer neuen Arbeit zugrunde gelegt wird.«

Aus dieser Gegenüberstellung des den besonderen Schutz der Melodie enthaltenden Absatzes 2 zu dem die freie Benutzung eines jeden Geisteswerkes aussprechenden Absatz 1 geht zunächst nicht hervor, daß Absatz 2 für sich allein auszulegen sei, und daß Absatz 1 stets dann ausgeschlossen sein solle, wenn es sich um die freie Benutzung einer Melodie zur Hervorbringung einer eigentümlichen Schöpfung handelt. Man muß Absatz 2 vielmehr in einen gewissen Gegensatz zu Absatz 1 stellen und aus dieser Gegensätzlichkeit heraus die Gründe erörtern, die zu einem von dem allgemeinen Grundsatz des Abs. 1 abweichenden und weitergehenden Rechtsschutz der Melodie geführt haben. Deshalb ist es auch erforderlich, die leitenden rechtlichen Gesichtspunkte des Abs. 1 zuvor zu betrachten, wenn man zu einer richtigen Auslegung des Abs. 2 gelangen will.

Der § 13 Abs. 1 LUG. beginnt mit den Worten: »Unbeschadet der ausschließlichen Befugnisse, die dem Urheber nach § 12 Abs. 2 zustehen . . .« Damit wird von vornherein die freie Benutzung zum Zwecke der Hervorbringung einer eigentümlichen Schöpfung in unmittelbaren Gegensatz zur bloßen Bearbeitung gestellt, die nach § 12 in gleicher Weise für Werke der Literatur wie für Werke der Tonkunst dem Urheber vorbehalten ist.

Als Bearbeitung ist nun alles das anzusehen, was nur die äußere Form eines Geisteswerkes ändert, die Identität des Werkes aber nicht aufhebt. Eine freie Benutzung im Sinne des § 13 Abs. 1 LUG. ist dagegen dann als vorliegend zu erachten, wenn durch Veränderung der inneren Form eines Geisteswerkes seine Identität völlig aufgehoben wird. Es muß also unter Verwertung des vorhandenen Stoffes eine auf eigener Geistesarbeit beruhende Verarbeitung dieses Stoffes in individueller Form stattfinden und es muß auf der Grundlage des Alten, bereits Vorhandenen etwas völlig Neues, Eigenartiges geschaffen werden[3]). Der Gegensatz zur freien Benutzung ist also begrifflich eine Nachbildung, »die sich nur durch unwesentliche Veränderungen oder Zusätze von ihrem Vorbilde unterscheidet, die, in der Hauptsache die Identität des Werkes unberührt lassend, nur als eine Reproduktion des Originals bezeichnet werden kann«[4]). Demgemäß kann die Bearbeitung niemals zur freien Benutzung werden, da durch jene eine individuelle, selbständige Geistesarbeit nicht geschaffen wird. Was aber auf dem Gebiete der Literatur und Tonkunst im allgemeinen als Bearbeitung anzusehen ist, hat das Gesetz in § 12 Abs. 2 LUG. selbst gesagt. Daneben bleibt es natürlich der Rechtsprechung im besonderen überlassen, noch weitere als die in § 12 Abs. 2 LUG. ausdrücklich aufgeführten Verwertungen fremder Geisteserzeugnisse für unerlaubte Bearbeitungen zu erklären[5]).

Auf dem Gebiete der Tonkunst sind nun Bearbeitungen alle Veränderungen der äußeren Erscheinungsform einer Komposition ohne Umwandlung der sich im Tonsatz verkörpernden musikalischen Idee. In diesem Sinne verbietet auch der § 12 Abs. 2 Ziff. 4 LUG. alle Herstellungen von Auszügen aus Werken der Tonkunst, sowie von Einrichtungen solcher Werke für einzelne oder mehrere Instrumente oder Stimmen. Demnach sind als Bearbeitungen eines Werkes der Tonkunst anzusehen alle Arten von Arrangements, Reduktionen auf wenige Klangmittel (Klavierauszüge insbesondere) und Orchestrierungen, ferner die Instrumentationen, Vokalisationen, Choralisationen, Simplifikationen, Verstärkungen, Transskriptionen und Adaptationen[6]) usw. Gemeinsam haben sie alle, daß nur die äußere Erscheinungsform der Klangmittel anders ist

[3]) Allfeld 125, 133; Daude, Gutachten 101; Klostermann, Urheberrecht 205.

[4]) RGZ. 63, 169; ZfRBayern 1911, 69.

[5]) So auch Lindemann zu § 12 LUG. Anm. 1.

[6]) Schuster, Urheberrecht 71; Jolly 168a; Kramer 112; Vesque von Püttlingen 98.

wie im Original. Den individuellen Ideeninhalt eines Tonwerkes ändern sie nicht, mögen sie eine noch so glänzende Kenntnis in den Klangmitteln offenbaren wie etwa die Lisztschen Orchestrierungen Schubertscher Märsche. Sie verlieren ihre Eigenschaft als Bearbeitungen auch dann nicht, wenn einzelne Teile selbständig hinzukomponiert sind, und wenn deren Wiedergabe räumlich überwiegt.

Abgesehen von diesen Bearbeitungen ist auf dem Gebiete der Tonkunst die freie Benutzung eines Werkes der Tonkunst zur Hervorbringung einer eigentümlichen Schöpfung gestattet. Eine freie Benutzung soll nun aber nicht sein, sondern, wie die Gegenüberstellung des Abs. 2 zu Abs. 1 des § 13 LUG. lehrt, der bloßen Bearbeitung gleichgeachtet werden: jede erkennbare Benutzung einer Melodie, die einem neuen Werke zugrunde gelegt ist. Als eine Bearbeitung in dem oben dargelegten Sinne soll die Benutzung einer Melodie also ohne weiteres nicht angesehen werden. Denn es wird niemand bezweifeln, daß sich hierin höchste künstlerische, individuelle Geistesarbeit offenbaren kann, wie die Variationenwerke unserer Meister der klassischen Periode beweisen. Was aber bei Erzeugnissen auf dem Gebiete der Literatur in dieser Form nach § 13 Abs. 1 LUG. nicht nur erlaubt, sondern im Interesse der Weiterentwicklung der Literatur eine Notwendigkeit ist, hat man auf dem Gebiete der Tonkunst aus wichtigen Gründen untersagen zu müssen geglaubt. Der eine Grund hierfür ist darin zu suchen, daß sich lediglich in der Melodie die Idee der Komposition ausprägt; die Melodie als solche verträgt keinen anderen Gedankenausdruck. Sie kann immer nur in derselben Form ausgedrückt werden, während bei einem Werke der Literatur dieselben Gedanken in den verschiedensten Formen wieder gegeben werden können. Der andere Grund liegt in der dadurch drohenden Gefahr weitgehender, wirtschaftlicher Ausbeutungsmöglichkeit der Melodie, eine Gefahr, die bei einem Werke der Literatur niemals in dem Maße eintreten kann.

Somit ist der Melodie nicht ohne berechtigte Gründe ein über den allgemeinen Grundsatz des § 13 Abs. 1 LUG.

hinausgehender besonderer Schutz gewährt, indem selbst eine Schöpfung von höchster künstlerischer Individualität als freie Benutzung nicht angesehen werden kann, wenn die Melodie erkennbar entnommen und der neuen Arbeit zugrunde gelegt ist.

Die freie Benutzung auf dem Gebiete der Tonkunst wird demnach kaum im Sinne des § 13 Abs. 1 LUG. in Betracht kommen, da ja die Melodie den Hauptinhalt eines jeden Werkes der Tonkunst bildet. Sie kann lediglich darin bestehen, daß eine Melodie in ihre ursprünglichen Motive zergliedert und dann in individueller Weise neu benutzt und verarbeitet wird. Dann aber hat sie ihre Eigenschaft als selbständiger, in sich geschlossener Tonsatz verloren und wird zur Grundlage einer von vornherein völlig neuen und individuellen Geistesschöpfung [7]. Zudem wird es sich oft sehr schwer feststellen lassen und nur von Fall zu Fall zu entscheiden sein, wann eine freie Benutzung oder eine erkennbare thematische Zugrundelegung der Melodie vorliegt. Man wird immer leicht geneigt sein, den Komponisten, die in einer bestimmten Kunstform und Kunstgattung schreiben, den Vorwurf geistiger Unselbständigkeit zu machen; das wird um so mehr geschehen, wenn es sich um Werke von Komponisten handelt, die das spezielle musikalische Empfinden bestimmter Volksstämme (vergl. die nordischen, slawischen, spanischen usw. Kompositionen) schildern. Es ist hierbei ferner noch in Betracht zu ziehen, daß alle Kompositionen, die aus einer bestimmten Zeit und aus bestimmten sozialen und sittlichen Anschauungen heraus entstanden sind, dasselbe individuelle Gepräge tragen; das zeigen die Kompositionen Bachs und seiner Zeit, die sich vollkommen in der Art und Weise der Harmonisierung und Modulation gleichen; das zeigen ebenso die Kompositionen zur Zeit der musikalischen Romantik und zur Zeit Richard Wagners. Sie alle haben dieselbe ausgeprägte Stilrichtung. Trotzdem kann bei diesen Kompositionen von Unselbständig-

[7]) Kohler, Kunstwerk 150 ff.

keit nicht die Rede sein, auch wenn sie sämtlich eine gewisse Übereinstimmung in der Kompositionstechnik offenbaren. Diese betrifft eben mehr die äußere Form als die innere Ideengestaltung.

Wir sehen also, daß für das Maß und den Umfang des Schutzes der Werke der Tonkunst ganz andere Grundsätze entscheidend und mitbestimmend sind als bei den Werken der Literatur. Die weitgehende Bearbeitungsmöglichkeit der Werke der Literatur in § 13 Abs. 1 LUG. konnte den Werken der Tonkunst ganz allgemein gar nicht zugestanden werden. Es mußte vielmehr zugunsten der Melodie, als des Wesentlichen jedes Werkes der Tonkunst, die besondere Schutzbestimmung des § 13 Abs. 2 LUG. getroffen werden. Diese Bestimmung ist aber nicht für sich allein auszulegen, sondern im Gegensatz zu § 13 Abs. 1 LUG. Bei allen Fragen der Verletzung des Rechtes an der Melodie ist jedoch zu berücksichtigen, daß man bei ihrer Auslegung nicht die Sorgfalt zu beobachten hat, die ein besonders peinlicher Musikkenner anwenden würde, sondern nur die, die einen mit normalem musikalischen Empfinden begabten Menschen unter Berücksichtigung aller besonderen Umstände veranlassen würde, einen Verstoß gegen § 13 Abs. 2 LUG. als vorliegend zu erachten. Auf das »Wie« der Benutzung kommt es an, nicht auf die Benutzung als solche[8]. —

Der Tatbestand des § 13 Abs. 2 LUG. verlangt nun im einzelnen zunächst, daß die benutzte Melodie einem geschützten Werke der Tonkunst ohne Einwilligung des Melodieberechtigten entnommen ist. Daraus geht hervor, daß nicht jede objektive Entnahme genügt. Dem Benutzenden muß vielmehr bewußt sein, daß er eine fremde Melodie verwendet; mag er wissen, woher die Melodie stammt oder nicht, und ob sie geschützt ist oder nicht[9]. Die Benutzung muß aber weiterhin offensichtlich erkennbar sein; bloße Anklänge genügen zu

---

8) Daude, Kommentar, Bem. zu § 13 Abs. 2.
9) Allfeld 135.

dem Begriff der Erkennbarkeit nicht. Schließlich muß die Melodie dem neuen Werke zugrunde gelegt sein; sie muß ihm also als Grundlage des thematischen und harmonischen Aufbaues dienen und zwar ohne Unterschied, ob in einem oder mehreren Sätzen, oder als einziges Thema oder mit mehreren anderen Themen zusammen. Durch das Erfordernis dieser Begriffsmerkmale bei einem Verstoße gegen § 13 Abs. 2 LUG. soll also eine Verletzung des Rechtes an der Melodie darin gefunden werden, daß sich eine ohne Einwilligung benutzte, geschützte Melodie trotz der Umgestaltungen, die mit ihr vorgenommen sind, in ihrer Selbständigkeit und Geschlossenheit ohne Schwierigkeiten erkennen läßt, und daß sich auf dieser Melodie der Tonsatz in seiner weiteren Gestalt aufbaut[10]).

Unter den Begriff der »Erkennbarkeit einer Melodie« fällt aber nicht die unbewußte musikalische Erinnerung[11]). Wann eine solche vorliegt, wird häufig schwer zu entscheiden sein. Wer eine große Kenntnis unserer bis ins ungemessene gestiegenen Musikliteratur besitzt, wird überall Anklänge an fremde Melodieen finden. Zwischen Originalität, geschickter Verarbeitung und Bearbeitung und zwischen unbewußter Erinnerung wird er besonders bei unserer Musikliteratur leichteren Schlages in vielen Fällen keinen Unterschied machen wollen. Ein Verstoß gegen § 13 Abs. 2 LUG. kann deshalb nicht schon darin erblickt werden, daß innerhalb eines größeren Werkes der Tonkunst, etwa innerhalb einer Oper, bloße Anklänge an eine fremde, geschützte Melodie — nicht dagegen die selbständige, geschlossene Melodie — auftauchen, die ebenso schnell wieder verschwinden und eigenen, neuen Gedanken und Melodieenfolgen Platz machen. Glaubt man aber eine bewußte Melodieentnahme wahrnehmen zu können, so sind dennoch die Voraussetzungen für eine Verletzung des Rechtes an der Melodie nach § 13 Abs. 2 LUG. nicht ohne weiteres gegeben, denn die Melodie ist zwar erkennbar, aber der

---

[10]) Daude, Gutachten 273. [11] Begründung 25.

neuen Komposition nicht zur thematischen Grundlage gemacht. Der § 13 Abs. 1 LUG. greift hier ein. Es liegt eine »freie Benutzung« vor; sie schützt den Komponisten vor einer Rechtsverfolgung aus § 13 Abs. 2 LUG. Wollte man die bloße Erkennbarkeit, die unbewußte Erinnerung, allein genügen lassen, um einen Komponisten wegen Verletzung der Vorschrift in § 13 Abs. 2 LUG. zu belangen, so wäre der Schikane Tor und Tür geöffnet. Bei der Überfülle der Erzeugnisse auf dem Gebiete der Musik ist es ganz unvermeidlich, daß sich immer wieder Anklänge finden. Kommt insbesondere dann noch ein Meister mit neuen befruchtenden Ideen und mit einer eigenen Stilrichtung, so ist es nicht zu umgehen, daß seine Nachahmer unbewußt auf dieselbe Harmonieenfolge kommen. Man muß hierbei doch auch in Erwägung ziehen, daß alle Wirkungen der Musik mit sieben Tönen und den dazwischen liegenden Halbtönen hervorgerufen werden sollen. Und sodann bringt es das nicht zu umgehende Gesetz der natürlichen Verwandtschaft der Tonarten und Akkorde mit sich, daß sich die Kompositionen, besonders sobald die Stilrichtung zur Manier wird, in ihren Tonkombinationen ständig begegnen müssen. Wenn daher auch aus einer fremden Komposition leitende oder begleitende Motivglieder entnommen worden sind, so kann darin noch keine unberechtigte Entnahme erblickt werden, sofern nur diese Motivglieder durch andere Glieder ergänzt werden, so daß das gesamte Tonbild ein anderes, individuelles und neuartiges wird. Man wird zumeist in solchen Fällen wohl annehmen müssen, daß es sich um eine unbewußte Entnahme handelt. Bei der Gefolgschaft großer Meister lassen sich solche Anklänge nicht vermeiden, und sie finden sich z. B. bei den Anhängern Richard Wagners in übergroßer Fülle. Es muß hier sehr bezweifelt werden, ob der ihnen gemachte Vorwurf der Unselbständigkeit berechtigt ist. Denn wer den Stil eines großen Meisters nachahmt, ahmt ihn auch unwillkürlich in Einzelheiten und in der Art zu komponieren nach. Es werden sich deshalb immer wieder bei aller Selbständigkeit Reminiszenzen an das Vorbild bei denen finden, die sich in die Ideenwelt eines anderen versenken [12]). Sodann geschieht es bei der Anpassung eines Tonstücks an eine bestimmte Situation oder an einen bestimmten Zweck und bei Schilderung derselben Vorgänge oder bei Kompositionen für bestimmte Instrumente häufig, daß die Komponisten, insbesondere bei Komposition von Musikstücken einfacherer Gattung, unwillkürlich auf dieselbe Melodieführung kommen, wenn auch Rhythmus, Harmonieenfolge und Zeitmaß verschieden sind. Solche Anklänge sind von vornherein durchaus kein Beweis für eine bewußte Melodieentlehnung und begründen ein Einschreiten auf Grund des § 13 Abs. 2 LUG. nicht. Selbst bei bedeutenden Komponisten finden sich unbewußte Anklänge an vorhandene Tonstücke, obgleich oft nachweisbar der eine Komponist das Werk des anderen Komponisten nicht gekannt hat [13]). Die Befürchtungen Opets [14]) gehen daher viel zu weit, wenn er ausführt, die bloße Erkennbarkeit genüge durch Schaffung des § 13 Abs. 2 LUG., um den Werken der Tonkunst den Stempel der Unerlaubtheit aufzudrücken, und eine solche Erkennbarkeit werde sich, je umfassender die Musikkenntnis der Beurteiler, in immer gesteigertem Maße auffinden lassen; wer eine große Zahl der vorhandenen Kompositionen in sich aufgenommen habe, der werde natürlich leicht geneigt sein, in jedem neuen Werke Anklänge an ältere Schöpfungen zu entdecken, die für ihn die Annahme, daß hier eine erkennbare Melodieentnahme vorliege, hinreichend begründen würden.

Unter den Begriff der »Zugrundelegung einer Melodie« fällt weiterhin nicht die wissentliche Entlehnung einer Melodie, die innerhalb eines größeren Werkes der Tonkunst, etwa innerhalb einer Symphonie, nur beiläufig vorkommt [15]). Eine solche wissentliche Ver-

---

12) So: Kohler, Kunstwerk 140 ff.

13) Vergl. die von Vesque von Püttlingen, 18 ff., angeführten lehrreichen Beispiele. Siehe ferner: Tappert, Wandernde Melodieen 7 ff.; Allfeld 55; Mandry 199.

14) Opet, Beiträge zur Kritik des Entwurfs in ArchZivPrax. 90, 148.

15) So: Müller 1, 59; Neftel, DJZ. 1907, 1079; Riezler 293; a. M.: Dungs, Lehrbuch 39; Allfeld 135 ff.

wertung fremder Gedanken innerhalb eigener Geistesarbeit muß nach den allgemeinen Grundsätzen des § 13 Abs. 1 LUG. als freie Benutzung in einer selbständigen, individuellen Schöpfung angesehen werden. Das kurze Auftauchen fremder Melodieen hat lediglich die Bedeutung eines musikalischen Zitates. Was bei Werken der Literatur erlaubt, bei wissenschaftlichen Arbeiten ja sogar eine Notwendigkeit ist, muß bei Werken der Tonkunst wenigstens in diesem beschränkten Umfange möglich sein. Man darf hierbei nicht zu engherzig sein und das Vorhandensein einiger vermittelnder Takte und Übergänge, die die Melodie dem fremden Tonwerk anpassen sollen, für unzulässig erachten. Bei solchen musikalischen Zitaten kann keineswegs davon die Rede sein, daß die entnommene Melodie dem neuen Werke der Tonkunst zugrunde gelegt ist, und daß sie zum Ausgangspunkt der Gedankenreihe des Komponisten gemacht wird. Seine musikalischen Ideen gruppieren sich ja nicht ausnahmslos um das fremde Thema, er bildet nicht den entnommenen Melodiestoff um; er verarbeitet und bearbeitet ihn nicht, um immer wieder in anderer Form auf ihn zurückzukommen. Das musikalische Zitat dient dem Komponisten wie das literarische Zitat lediglich zur Charakterisierung und Bekräftigung der eigenen Ideen; er will mit ihm bestimmte Vorstellungen erwecken und bestimmte Handlungen schildern, er verfolgt vielleicht auch den Zweck, daß man sich bei dem Zitat an einen bestimmten Komponisten und an seine Werke mit ihrem besonderen Ideeninhalt erinnere, um damit diesem Komponisten ein ehrendes Denkmal zu setzen. Derartige musikalische Zitate müssen gestattet sein, sofern sie nicht das Maß des Erlaubten überschreiten, und das wird sich gerade hier, im Gegensatz zur unbewußten musikalischen Erinnerung, leicht feststellen lassen [16]. An solche Fälle denkt auch die Begründung, wenn sie sagt: »Niemand ist durch das Recht der Melodie gehindert, wissentlich eine Melodie, die nur

---

[16]) A. M.: Vesque von Püttlingen 98, der eine beabsichtigte Charakterisierung durch Melodieenentnahme für unstatthaft erachtet.

beiläufig in einem größeren Werke vorkommt, zu entlehnen.« Das widerspricht nicht dem Wortlaut der Bestimmung in § 13 Abs. 2 LUG. und führt auch nicht zu Umgehungen des Gesetzes, wie Dungs annimmt[17]). Denn der § 13 Abs. 2 LUG. verbietet nicht jede Melodieentnahme schlechthin, sondern nur eine solche, die zu dem Zwecke geschieht, die Melodie in erkennbarer Weise einem fremden Werke der Tonkunst zugrunde zu legen. Auch die Bedenken Allfelds[18]) gegen die Zulässigkeit der nur beiläufigen Entlehnung einer Melodie sind deshalb unbegründet; er führt nämlich aus: man könne sich schwer vorstellen, welche Fälle der wissentlichen und beiläufigen Entlehnung die Begründung meine. Die Aufgabe des Komponisten sei es gerade, etwa bei einer Symphonie das Thema frei zu bearbeiten und die Melodie nicht »beiläufig« zu bringen. Eine Melodie, die er zur thematischen Verarbeitung nicht verwenden dürfe, habe für ihn keinen Wert. Die Anwendung der allgemeinen Grundsätze, insbesondere des Abs. 1, werde kaum dazu führen, eine solche »beiläufige« Entlehnung für erlaubt zu achten. »Denn,« fährt er wörtlich fort, »wenn die Melodie nicht der neuen Arbeit zugrunde gelegt, also darin verarbeitet, sondern unverändert oder mit geringen Änderungen, etwa der Harmonie, der Klangmittel usw. wiedergegeben ist, so ist sie eben nicht zur Hervorbringung einer ‚eigentümlichen Schöpfung frei benutzt', sondern nur allenfalls bearbeitet.« Diese Bedenken hätten durchaus ihre Berechtigung, wenn es sich um größere Entlehnungen innerhalb eines Werkes der Tonkunst handelt; Allfeld übersieht aber hierbei Fälle wie die der oben erörterten Art. Praktisch wichtig ist diese Unterscheidung zum ersten Male in dem Norenschen Rechtsstreit[19]) geworden. Der Komponist Noren hat nämlich im Schlußsatze seiner Tondichtung »Kaleidoscop« eine kurze Melodie und ein kurzes Motiv aus dem »Heldenleben« von Richard Strauß zu dessen Ehrung »beiläufig»

---

[17]) Dungs, Lehrbuch 39.

[18]) Allfeld 135, 136.

[19]) Siehe unten S. 84 ff.

erscheinen lassen, ohne die Melodie und das Motiv im weiteren Verlaufe des Werkes thematisch zu verarbeiten. Es widerspricht den Grundsätzen der Gerechtigkeit, daß man wegen eines derartigen kurzen musikalischen Zitates — noch dazu, wenn es aus einer edlen Absicht heraus geschieht — dem Melodieberechtigten alle die vielgestaltigen Rechtsmittel in die Hand gibt, die es ihm ermöglichen würden, den musikalischen Zitator um die Früchte seiner eigenen Geistestätigkeit zu bringen. Es findet sich aber ein solches gelegentliches musikalisches Zitat bei Richard Strauß selbst. Wie Waller in der Deutschen Juristen-Zeitung[20]) ausführt, hat Richard Strauß in seiner »Feuersnot« bei der Textstelle:

»Im Hause, das ich heut zerhau'n
Haust Reichart einst, der Meister.
Der war kein wind'ger Gaukler, traun —
Der hehre Herrscher der Geister.«

eine typische, erlaubte »beiläufige Entlehnung« gemacht. Denn bei den Worten »Geister« taucht im Orchester plötzlich in geheimnisvollem Pianissimo das bekannte Wotans- oder Walhallmotiv aus dem »Ring« auf, um sofort wieder zu verschwinden. »Es handelt sich hier,« wie Waller dann fortfährt, »um eine gewollte Anspielung des Komponisten auf die Wagnersche Darstellung der altgermanischen Götterwelt, deren Überrest in der christlichen Zeit, eine alte Zaubersage, er selbst in seiner Oper behandelt. Durch diese Anspielung soll der Hörer veranlaßt werden, die Figur des Zauberers Reichart mit Wotan in Verbindung zu bringen, da ja die bekanntesten Leitmotive aus dem ‚Nibelungenring' heute allen musikalisch Gebildeten geläufig sind.«

Solche Fälle sind vom künstlerischen und juristischen Standpunkt aus als einwandfrei zu erachten, will man nicht geistiger Engherzigkeit geziehen werden. Allfeld sagt denn auch selbst an anderer Stelle[21]): es könne nicht vorausgesetzt werden, daß ein Werk vollkommen neu sei, da sich

[20]) DJZ. 1908, 136.
[21]) Allfeld 56.

Anklänge immer wieder finden würden. Selbst der originellste Meister werde manche in Werken anderer vorhandene Tonfolgen, Harmonieen und Rhythmen bringen. Es sei auch nicht die Entlehnung verboten, wenn das Gesamtbild eigenartig sei.

Das beiläufige musikalische Zitat darf aber keineswegs dazu führen, daß in ihm Zweck und Absicht der ganzen Komposition oder eines ihrer Teile liegt, wie es als vorliegend zu erachten ist, wenn die Komposition mit einer Melodie beginnt oder schließt, oder wenn in ihr eine selbständige, geschlossene Melodie auftaucht, die hinsichtlich der ganzen Komposition bestimmte Vorstellungen und Wirkungen hervorrufen soll. Da kann von einem musikalischen Zitat in obigem Sinne überhaupt nicht die Rede sein. Denn hier liegt in der angeführten Melodie die Hauptgrundlage der ganzen Komposition, vgl. z. B. die Ouvertüre über ein Thüringer Volkslied von Lassen, ferner die Jubelouvertüre von Weber mit dem »Heil dir im Siegerkranz« am Schluß. Der Schutz der Melodie tritt in letzterem Falle nicht auf Grund des § 13 Abs. 2 LUG. ein, da ja die Melodie nicht thematisch zugrunde gelegt ist, sondern einfach schon auf Grund des § 1 LUG., indem die Melodie in ihrer Eigenschaft als selbständiges Werk der Tonkunst geschützt wird. Weitere Fälle, in denen nach den vorstehenden Ausführungen eine unerlaubte Entlehnung fremder Melodieen vorliegen würde — immer unter der Voraussetzung, daß es sich um die Benutzung noch geschützter Melodieen gehandelt hätte — sind unter anderen die Akademische Festouvertüre von Brahms, in der Studentenlieder thematisch verarbeitet sind, und ferner die Ouvertüre 1812 von Tschaikowski, der Faschingsschwang und die Grenadiere von Schumann, in denen die Marseillaise thematisch mit der erkennbaren Absicht auftaucht, in dem Hörer bestimmte Vorstellungen und Gefühle hinsichtlich der ganzen Komposition zu erwecken [22]).

---

[22]) So auch Allfeld 136; a. M.: Schuster, Urheberrecht 202; Endemann 74.

Gehören also nach dem Vorstehenden stets zwei Voraussetzungen dazu, um eine Melodiebenutzung nach § 13 Abs. 2 LUG. als unzulässig erscheinen zu lassen, nämlich: erstens eine bewußte erkennbare Entnahme der Melodie und zweitens eine thematische Zugrundelegung dieser Melodie in einem neuen Werke der Tonkunst, so müssen wir zweifellos dazu kommen, die Variation über eine geschützte Melodie, — d. h. die Umarbeitung einer als Thema dienenden geschützten Melodie in eine Folge von verschiedenen Tonsätzen mit Beibehaltung der Hauptgedanken der Melodie —, ohne Erlaubnis des Melodieberechtigten in jeder Form als unzulässig zu erachten, und zwar selbst dann, wenn die Melodie in den einzelnen Variationensätzen vollkommen selbständig und künstlerisch frei benutzt ist. Denn in der Variation liegt zwar meist, besonders bei unsern Klassikern, eine eigentümliche Schöpfung im Sinne des § 13 Abs. 1 LUG., und sie ist als individuelle Leistung ohne weiteres nach § 1 LUG. selbständig geschützt, aber die Melodie ist trotz alledem in unzulässiger Weise dem Ganzen als Thema erkennbar zugrunde gelegt[23]).

Damit hat sich die neue Urheberrechtsgesetzgebung vollkommen in Gegensatz zu dem früher von ihr vertretenen Standpunkt und vor allem in Gegensatz zur österreichischen Gesetzgebung und Rechtswissenschaft[24]) gestellt.

Das österreichische Urheberrechtsgesetz vom 26. Dezember 1895 sagt nämlich in Art. 33:

> »Als Eingriff in das Urheberrecht ist nicht anzusehen die Herausgabe von Variationen, Transskriptionen, Fantasieen, Etüden und Orchestrierungen, sofern sie als eigentümliche Werke der Tonkunst sich darstellen.«

Es steht damit noch auf dem gleichen Standpunkt wie das deutsche Urheberrechtsgesetz von 1870, das in seinen

[23]) Kohler, Kunstwerk 151; Voigtländer, Urheberrecht 42; a. M.: Crome 4, 55; Hoffmann 32.

[24]) Vergl.: Bettelheim 587; Schmidt 33 ff. und 204 ff.; Schuster Urheberrecht 186 ff., Grundriß 19; Vesque von Püttlingen 88 ff.

Motiven zu dem den gleichen Inhalt wie dieser Art. 33 enthaltenden § 46 sagt: »Es wäre eine durch nichts gerechtfertigte, alles Maß übersteigende Anomalie, wenn man gerade der musikalischen Konzeption einen so abstrakten Schutz gegen jede Benutzung überhaupt gewährte, wie solcher weder auf anderen Kunstgebieten noch auf dem Gebiete der literarischen Produktion irgend gewährt werden kann oder will ... oder würde es nicht . . . geradezu widersinnig sein, wenn Beethovens 32 Variationen . . . (opus 36) einem . . . Nachdruck gleichgestellt werden müßten, falls der ... Tondichter jenes Thema nicht selbst erschaffen, sondern (wie bei andern Variationen) anderswoher entlehnt hätte?«

Die gleiche Ansicht wird in der österreichischen Wissenschaft insbesondere von Schuster[25]) verfochten. Er betont, daß durch die Freigabe der Benutzung einer Tondichtung zu Variationen, Fantasieen, Etüden, Potpourris usw., falls sie auf selbständiger Geistestätigkeit beruhen würden, »die traditionelle, durch die höchsten und originellsten Meisterwerke bewährte Kunstanschauung festgehalten«, und »daß die Schaffung eines in abstracto mit einem gegebenen Tonsatze übereinstimmenden, in concreto neuen Tonsatzes eine ebenso schöpferische wie eine Originalkomposition sei.« Schuster will es auf den konkreten Fall ankommen lassen, wann eine Variation usw. als unerlaubt anzusehen sei oder nicht, und will einen Unterschied machen zwischen den Variationen unserer Meister und der mittelmäßigen Dutzendware. Er hält den in der deutschen Urheberrechtsgesetzgebung vertretenen Standpunkt für unhaltbar und meint, eine Variation könne trotz der völligen »Erkennbarkeit« des Themas einen vom Thema gänzlich verschiedenen individuellen Charakter und geistigen Inhalt zeigen. »Jede wirkliche Variation«, führt er aus, »ist keine Reproduktion des Themas, weil das Beibehaltene nur das abstrakte Grundschema, zumal der harmonischen Fortschreitung ist, während der konkrete Tonsatz ein anderer wird. Darum wirken, besonders auf Kenner,

[25]) Schuster, Urheberrecht 186 ff., Grundriß 19.

Variationen auch bei Kenntlichkeit des Themas wie ein Originalstück, übrigens ist die Kenntlichkeit des Themas so subjektiv, daß sie gar nicht als Unterscheidungszeichen gelten kann«[26]).

Diese Ausführungen sind vom rein künstlerischen Standpunkt aus zweifellos zu billigen, und wenn sich Schuster zur Begründung seiner Meinung auf die Variationenwerke unserer großen Meister beruft, so steht sicherlich das eine fest, daß Bach, Beethoven, Brahms, Schubert, Schumann und alle die anderen großen Tondichter oft unter Benutzung einer einfachen, heute längst vergessenen Melodie Variationenwerke von unvergänglichem Werte geschaffen haben; der Charakter dieser Werke ist auch ein durchaus selbständiger, individueller. Aber das von Schuster erforderte Unterscheidungsmerkmal des Künstlerischen und Unkünstlerischen, um Werken ersterer Art durch Ausschluß von der Vorschrift des § 13 Abs. 2 LUG vor letzteren einen erhöhten Schutz zu gewähren, scheitert schon bei der ersten Frage, wann wir überhaupt objektiv über ein neues Tonwerk zu beurteilen vermögen, ob es künstlerisch ist oder nicht, ob es Ewigkeitswert hat oder nur dem augenblicklichen Geschmack der großen Masse Rechnung trägt. Die Musikgeschichte lehrt uns, daß fast allen unseren großen Meistern, die ihrer Zeit in ihrem musikalischen Gedankenfluge vorauseilten, von ihrer Mitwelt wenig Verständnis entgegengebracht worden ist. Wir würden vielleicht ein Variationswerk als künstlerisch ansehen, das binnen wenigen Jahren vergessen ist, und ein anderes als unverstandenes Machwerk hinstellen, das von der Nachwelt als Meisterwerk gepriesen wird. Andernfalls wäre es nicht zu verstehen, daß die Zeitgenossen Beethovens an den Werken seiner letzten Periode mit einer uns unbegreiflichen Verständnislosigkeit vorübergegangen sind. Ein objektives Urteil wird gerade bei den Fragen des Künstlerischen und Nichtkünstlerischen auf dem Gebiete der Tonkunst von den Zeitgenossen selten zu erreichen sein. Deshalb ist das deutsche

---

[26]) Schuster, Urheberrecht 191, 192.

Urheberrechtsgesetz einem langen und zwecklosen Experimentieren aus dem Wege gegangen und hat durch die Fassung des § 13 Abs. 2 LUG. die Variationswerke über geschützte Melodieen ohne Erlaubnis des Melodieberechtigten ebenfalls verboten. Es macht keinen Unterschied, ob es sich um eine Variation im künstlerischen Sinne handelt, die die Melodie in ihre Motive zerlegt und verarbeitet, so daß eine vollständig neue Ideengestaltung stattfindet und nur noch dunkle Anklänge an die eigentliche Melodie erinnern, oder ob die Variation die Melodie nur durch begleitende Nebenfiguren und neue Klangwirkungen verändert; es ist auch gleichgültig, ob der Benutzende dabei lediglich rein ideelle Zwecke verfolgt oder die Absicht hat, das fremde Geisteswerk auszubeuten, oder ob die Melodie am Anfang oder in der Mitte oder am Ende der Variation steht. Denn stets ist der Tatbestand des § 13 Abs. 2 LUG. bei der Variation erfüllt, nämlich, daß eine fremde Melodie dem neuen Werke der Tonkunst in erkennbarer Weise als Thema zugrunde gelegt ist[27]), und somit ist die Anwendung des § 13 Abs. 1 LUG., dessen Tatbestand an sich vorliegen würde, ausgeschlossen. Die Variationen für sich allein ohne das Thema herauszugeben, würde natürlich ebenso einen Verstoß gegen § 13 Abs. 2 LUG. enthalten, da sie sich ja immer auf dem Thema als ihrer Grundlage erkennbar aufbauen[28]). Es sei noch erwähnt, daß nach heutigem Recht ein Komponist selbst über ein eigenes Thema Variationen nicht ohne Erlaubnis des Originalverlegers schreiben darf, wenn er die ihm gesetzlich an sich zustehenden Bearbeitungsrechte durch Vertrag auf diesen übertragen hat (vergl. § 14 LUG. und § 2 VG.). Demnach sind heute ohne Erlaubnis des Melodieberechtigten Variationenwerke über geschützte Melodieen verboten wie: Beethovens 33 Variationen über ein Thema von Diabelli, op. 120; Brahms' Variationen op. 9 und 24 und op. 56a über ein Thema von Haydn, Bachs Choralfigurationen und Goldberg-Variationen, ferner die

[27]) a. M.: zum Teil Kohler, Kunstwerk 151 ff.; GewRSchutz 1907, 293.
[28]) a. M.: Schuster, Urheberrecht 194.

Variationenwerke von Grieg, Saint-Saëns u. a. trotz ihres hohen Kunstwertes.

Daß das Gesetz in seinem Verbot so weit gegangen ist, mag man im Interesse wahrer und echter Kunst bedauern, und insofern hat Dernburg, ein Gegner des im Gesetz ausgesprochenen Melodieschutzes, recht, wenn er sagt: »Wo blieben Apoll und die Musen, als man den Schutz der Tonwerke im Reichstage beriet[29])?« Denn bei der Variation nimmt der Komponist wenigstens offen die fremde Melodie und benutzt sie zur Schaffung oft klassischer Werke. Diese offene Entnahme zu verhindern, ist leicht. Viel schwieriger und, wie schon oben einmal, S. 69 ff., erörtert, fast unmöglich ist die Überführung aller derjenigen, die zur Hervorbringung moderner Schlager und Operetten mit Hilfe einer geschickten Technik einen wahren Raubbau in unserer besseren Musikliteratur treiben. Zeigt sich bei der Variation stets noch eigene Geistestätigkeit, so offenbart sich hier die ganze geistige Armut einer großen Zahl unserer moderner Komponisten.

Dasselbe wie von den Variationen gilt natürlich auch von den oft abenteuerlich zusammengestellten Potpourris über geschützte Melodieen ein und desselben Werkes oder verschiedener Werke und Komponisten, von den Etüden und Fantasieen, von den Transskriptionen und Konzertkadenzen usw. über geschützte Melodieen, wenn es sich auch um Etüden, Fantasieen und Transskriptionen von der meisterhaften Art der Lisztschen und Thalbergschen Werke handeln mag. Zu einem Potpourri über geschützte Melodieen in jedweder Form muß heute, im Gegensatz zu dem § 46 LUG. von 1870, von dem Melodieberechtigten die Erlaubnis zur Entnahme eingeholt werden. Die Gründe sind hierfür vor allem wirtschaftlicher Natur. Bei großen Tonwerken bietet diese Art der Verwertung der Melodieen meist die einzige Möglichkeit, um sie nutzbar zu machen. Die Fälle waren aber früher sehr häufig, daß der Bearbeiter einer beliebten Opernmelodie mehr als ihr Komponist bekannt

[29]) Dernburg 6, 192.

war, und daß er mit der erborgten fremden Idee unter dem Deckmantel der eigenartigen freien Bearbeitung einen größeren Gewinn erzielte als der, dessen Talent er auszubeuten verstand. Die nach bekannten Melodieen aus Opern geschriebenen Fantasieen, Transskriptionen, Potpourris usw. haben den Bearbeitern vielfach größeren Gewinn eingetragen als dem Komponisten seine ganze Oper. Dieser Ungerechtigkeit hat man heute gesteuert und die wirtschaftliche Ausbeutung seiner Melodieen dem Melodieberechtigten vorbehalten.

Selbstverständlich darf niemand daraus, daß eine Melodie in einer gegen § 13 Abs. 2 LUG. verstoßenden Weise benutzt ist, das Recht herleiten, nun seinerseits das über die geschützte Melodie geschriebene Tonwerk oder Teile desselben zu verwerten und zu bearbeiten. Für diese Tonwerke tritt ohne weiteres, als selbständige Werke der Tonkunst, der Schutz des § 1 LUG. ein. Der fehlerhafte Komponist kann an ihnen sein Urheberrecht von neuem geltend machen. Das Gesetz knüpft nämlich den Schutz von Bearbeitungen nicht an die Bedingung ihrer Rechtmäßigkeit. Auch der Nachdruck vom Nachdruck ist unzulässig[80]). Die Stellung des unberechtigten Bearbeiters ist etwa die des fehlerhaften Besitzers dritten Personen gegenüber in §§ 861 ff. BGB., d. h. der fehlerhafte Komponist wird zwar nicht gegenüber dem fehlerfreien Melodieberechtigten, wohl aber gegenüber dritten Personen geschützt, die in sein zwar fehlerhaftes, aber doch von einer gewissen und oft recht erheblichen, eigenen Geistestätigkeit zeugendes Urheberrecht eingreifen wollen. Dritten Personen gegenüber wird also auch an der fehlerhaften Bearbeitung stets ein neues Urheberrecht auf Grund des § 1 LUG. erzeugt[81]).

Bei einem Verstoße gegen § 13 Abs. 2 LUG. bleibt nun die Quantität außer Betracht, also die Frage, in welchem

---

[80]) RGSt. 14, 67; RGSt. 42, 390; Birkmeyer, Reform des Urheberrechts 30 ff.

[81]) Vergl. Allfeld 65, 124; Birkmeyer 36; Bock, Aufführungsrecht 30; Dambach, Urheberrecht 77; Gierke 772; Klostermann, Urheberrecht 121; Kohler, Kunstwerk 24; Kuhlenbeck 75 ff., 126.

Verhältnis die entlehnte Melodie zur ganzen Komposition steht, ein Umstand, der früher vielfach als mitbestimmend angesehen wurde[32]). Ist der entlehnte Teil unverhältnismäßig groß, so liegt augenfällig eine unzulässige Benutzung vor. Es genügt aber hierzu selbst die kleinste Melodie oder einer ihrer Teile.

Auch die Qualität der Melodie ist nicht entscheidend[33]). Wenn der bedeutendste Komponist mit der einfachsten geschützten Melodie ein noch so herrliches Variationenwerk schreibt, so liegt doch ein Verstoß gegen § 13 Abs. 2 LUG. vor.

Ferner spricht die wirtschaftliche Konkurrenzfähigkeit nicht mit. Die Beeinträchtigung des Absatzes eines Werkes, dem eine Melodie entnommen ist, läßt sich ziffernmäßig wohl selten nachweisen. Nach dem Gesetz sollte auch in erster Linie das Produkt der individuellen Geistestätigkeit geschützt werden. Das Eingreifen des wirtschaftlichen Momentes des Schutzes ist nur eine Folge dessen, daß das Werk mit der unzulässig benutzten Melodie in Verkehr gesetzt ist. Der Originalkomponist braucht noch nicht einmal auf einer wirtschaftlichen Verwertung seiner Melodie zu bestehen oder sie überhaupt zu wollen, wie es z. B. der Fall bei der Improvisation ist. Der Schutz des § 13 Abs. 2 greift ein, ohne daß wirtschaftliche Fragen hierbei mitspielen[34]).

Schließlich bedingt es der Schutz der Melodie nicht, ob sie niedergeschrieben und dem Verkehr übergeben, oder ob sie zwar gedruckt aber noch nicht veröffentlicht, oder ob sie ungeschrieben, und ob sie improvisiert ist. Die Improvisation in der Musik ist dem Vortrag eines Schriftwerkes gleichzuachten. Allerdings wird es hier meist schwer sein, eine unbefugte Benutzung zu beweisen, es sei denn, daß man hinreichende Beweismittel hierfür hat.

Eine einzige Ausnahme von den vorstehenden

---

32) RGSt. 16, 240; RGSt, 8, 430.

33) So: Hoffmann 17; Allfeld 254; Kuhlenbeck 184; Voigtländer 142; a. M.: RGZ. 12, 117.

34) So: JW. 05, 362; RGSt. 37, 269; Recht 05, 286; a. M.: Kuhn 41 ff. Urteil Noren GewRschutz 09, 336.

Ausführungen über die Bearbeitungen einer Melodie macht lediglich die Parodie über geschützte Melodieen, d. h. eine Veränderung eines Tonstückes durch Änderungen im Takt, durch Beifügung grotesker Akkorde oder Instrumente usw. Die Begründung zu § 13 Abs. 2 LUG. hat dies ausdrücklich hervorgehoben[85]. Danach werden bei der Parodie die fremden Gedanken nicht als Thema für weitere Ausführungen zugrunde gelegt, sondern nur zum Ausgangspunkt für eine Neuschöpfung gewählt, die vermöge ihres humoristischen Zweckes auf ganz andere Wirkungen abzielt als das benutzte Werk. Die Parodie, die einem heiteren Lebensbedürfnis entsprechen soll, wird also als Kunstgattung nicht angesehen[86]. Die französische Rechtsprechung verlangt allerdings vom Parodisten »Le parodiste n'a pas le droit de produire une partie essentielle de la composition parodie«. Das spanische Gesetz dagegen verbietet die Parodie ganz und gar[87].

Es sei schließlich nochmals betont, daß stets zwei Merkmale vorhanden sein müssen, um den Tatbestand des § 13 Abs. 2 LUG. als gegeben erachten zu können, nämlich erstens, daß eine Melodie bewußt erkennbar einem fremden Werke der Tonkunst entnommen, und daß sie einem neuen Werke der Tonkunst zugrunde gelegt ist. Nicht die äußerlich erkennbare Tatsache der Benutzung allein genügt, sondern ausschlaggebend ist, daß eine Melodie in ihrer geistigen Individualität unverändert wiedererscheint und zur thematischen Grundlage eines neuen Werkes der Tonkunst gemacht wird[88].

Daraus ergibt sich denn, daß in dem schon erwähnten Norenschen Rechtsstreite von einem Verstoß gegen § 13 Abs. 2 LUG. keine Rede sein kann. Da hier zum ersten

85) Sten. Berichte 1900/01, 397.

86) So: Bock 38; Allfeld 136; Kohler, Kunstwerk 113; Kuhlenbeck 121; Leander in GewRschutz 1899, 291; Blanc, Traité de la contrefaçon en tous genres 233; Daude, Gutachten 27.

87) Vergl. die Ausführungsverordnung vom 3. September 1880 zum spanischen Urheberrechtsgesetz vom 16. Januar 1879, Art. 7, abgedruckt bei Röhtlisberger, Gesetze über das Urheberrecht 233.

88) So auch Hoffmann 27.

Male die Auslegung des § 13 Abs. 2 LUG. praktisch von größerer Wichtigkeit geworden ist, soll auf diesen Rechtsstreit näher eingegangen werden[39]).

Die Norensche Tondichtung »Kaleidoscop« enthält in der 10. Variation, die überschrieben ist: »An einen berühmten Zeitgenossen«, und in der Doppelfuge, die das Werk abschließt, beabsichtigte Anspielungen auf das Heldenthema und das Widersacherthema aus der Richard Straußschen Tondichtung »Ein Heldenleben.« Das Heldenthema erscheint in der 10. Variation im wesentlichen zweimal und zwar in Takt 12—18 und von Takt 38 ab; das Widersacherthema ist in der Schlußfuge verarbeitet.

Das Heldenthema zunächst entspricht zweifellos den Erfordernissen der Melodie; es ist ein selbständiger, in sich abgeschlossener und umwandlungsfähiger Tonsatz. Diese Melodie ist zwar bewußt erkennbar entnommen, aber nicht der 10. Variation des »Kaleidoskop« zur thematischen Grundlage gemacht. Sie ist von Noren in der Form eines erlaubten musikalischen Zitates innerhalb eines größeren Werkes der Tonkunst gebraucht. Das geht insbesondere daraus hervor, daß Noren selbst der 10. Variation die Überschrift gegeben hat: »An einen berühmten Zeitgenossen«, und daß er damit Strauß eine beabsichtigte und erkennbare Huldigung darbringen wollte. Eine weitere Verarbeitung des Heldenthemas findet nicht statt.

Das landgerichtliche Urteil hat in der Benutzung des Heldenthemas deshalb keinen Verstoß gegen § 13 Abs. 2 LUG. erblickt, weil es das Heldenthema als Melodie nicht ansieht. Es steht auf dem Standpunkt, daß unter dem Ausdruck Melodie, entsprechend seinem Ursprung (*μελῳδία* hänge zusammen mit *μέλος* = Glied und *ᾠδή* = Lied), eine Tonreihe

---

[39]) Vergl. das in GewRschutz 1909, 332 ff., abgedruckte Berufungsfeststellungsurteil des Oberlandesgerichts Dresden vom 24. II. 09 in Sachen der Firma F. E. C. Lenckart, als Verlegerin der Tondichtung »Ein Heldenleben« von Richard Strauß, Beklagte, gegen die Firma Lauterbach & Kuhn, als Verlegerin der Tondichtung »Kaleidoscop« von Noren, Klägerin. — Vergl. ferner das Urteil des Landgerichts Leipzig in dieser Sache, abgedruckt in GewRschutz 1908, 247 ff.

zu verstehen sei, »die den musikalischen Gedanken in künstlerischer, sangbarer Form als gegliedertes, abgerundetes Ganzes verkörpert«, und erkennt damit eine Melodie im weiteren Sinne, wie sie das Heldenthema ist, als schutzberechtigt nicht an. Ferner hat das landgerichtliche Urteil in Erwägung gezogen, daß durch die Benutzung des Heldenthemas dem Verleger des »Heldenlebens« ein wirtschaftlicher Schaden nicht entstanden sei. Auf das Vorhandensein oder die Gefahr eines wirtschaftlichen Verlustes kommt es jedoch, wie schon öfters betont, nicht an, um jemand wegen Verletzung des § 13 Abs. 2 LUG. belangen zu können, wenn auch in der Hauptsache wirtschaftliche Gründe zum Schutze der Melodie geführt haben.

Das Widersacherthema dagegen ist überhaupt keine Melodie, selbst eine solche nicht im weitesten Sinne. Sein Charakter besteht in dem Stoßenden und Widersprechenden, wie es seine Natur erfordert, und kann in dieser Form bis ins Unendliche fortgesetzt werden. Es ist also lediglich eine stereotype Tonmalerei für gewisse Empfindungen und Eigenschaften, ein charakteristisches Motiv, das weder in sich geschlossen noch der Umwandlung fähig ist. Solche äußere musikalische Darstellungsmittel fallen aber nicht unter den Begriff der Werke der Tonkunst, am allerwenigsten aber unter den Begriff der Melodie.

Das landgerichtliche Urteil nimmt an, die Benutzung des Widersacherthemas in der Schlußfuge verstoße deshalb nicht gegen § 13 Abs. 2 LUG, weil es gemäß § 13 Abs. 1 LUG. in eigentümlicher Weise frei verarbeitet sei. Dieser Ansicht ist jedoch nicht beizupflichten, da dem Widersacherthema alle die Eigenschaften fehlen, die es zu einem unwandlungsfähigen Tonsatze machen. Denn mit dem Augenblick, wo es auch nur der oberflächlichsten Ver- und Bearbeitung anheimfallen würde, wäre es in ein musikalisches Nichts zerfallen.

Die vorstehende Erörterung der Frage über den Inhalt des Rechtes an der Melodie hat nun gezeigt, daß das Urheberrechtsgesetz vom 19. Juni 1901 das Recht an der

Melodie in weitgehendem Maße anerkannt hat. Es hat hinsichtlich der Benutzung einer Melodie nicht die Grundsätze übernommen, die das Bürgerliche Gesetzbuch in den §§ 946 bis 952 über Verbindung, Vermischung, Verarbeitung aufgestellt hat. Im Bürgerlichen Gesetzbuch hat die Meinung der Prokulejaner gesiegt, wonach der, der durch Verarbeitung oder Umbildung einer oder mehrerer Stoffe eine neue bewegliche Sache herstellt, das Eigentum an der neuen Sache erwirbt, sofern nicht der Wert der Verarbeitung oder der Umbildung erheblich geringer ist als der Wert des Stoffes (§ 950 Abs. 1 S. 1 BGB.), und der neue Eigentümer dem der hierdurch einen Rechtsverlust erleidet, lediglich Vergütung in Geld nach den Voschriften über die Herausgabe einer ungerechtfertigten Bereicherung zu gewähren hat, wodurch allerdings die Vorschriften über die Verpflichtung zum Schadensersatz wegen unerlaubter Handlung (§ 951 BGB.) nicht ausgeschlossen sind. Allerdings hat das Urheberrechtsgesetz hinsichtlich literarischer Werke die Grundsätze des § 950 BGB., also die Anlegung eines subjektiven Maßstabes bei Bewertung der Verarbeitung und Umbildung eines Werkes der Literatur, übernommen (§ 13 Abs. 1 LUG.). Aber einmal läßt sich die Verarbeitung einer beweglichen Sache und eines Werkes der Literatur mit der Verarbeitung einer Melodie schwer vergleichen, und zum anderen sind, wie schon erörtert, die wirtschaftlichen Schäden bei Benutzung einer geschützten Melodie ungleich bedeutender als auf dem Gebiete der Technik und Wissenschaft.

Dem Komponisten der geschützten Melodie stehen nun die ihm durch § 13 Abs. 2 LUG. gewährleisteten Rechte nicht nur an den erst seit dem Inkrafttreten des Gesetzes, (1. Januar 1902, vergl. § 64 LUG.), entstandenen Tonwerken zu, sondern sie erstrecken sich auch gemäß § 62 LUG. auf die vordem entstandenen Werke. Sind Bearbeitungen vor dem Inkrafttreten des Gesetzes erlaubterweise nach dem alten Urheberrechtsgesetz von 1870 ganz oder zum Teil erschienen, — nicht erst in Druck gegeben —, so bleibt die Befugnis des Bearbeiters zur Vervielfältigung, Verbreitung und öffentlichen Aufführung unberührt (§ 62 S. 2 LUG). Demgemäß können alle bis zum 1. Januar 1902 erschienenen Bearbeitungen über einzelne geschützte Melodieen und Motive, die nach § 46 LUG. von 1870 als eigentümliche Kompositionen anzusehen waren, — und das pflegte in weitgehendem Maße leider zu geschehen —, noch heute in Gestalt von Potpourris, Fantasieen, Transskriptionen, Variationen usw. öffentlich aufgeführt werden, ohne daß gegen sie wegen Verletzung des § 13 Abs. 2 LUG. vorgegangen werden kann, es sei denn allerdings, daß sie mit dem Aufführungsvorbehalt versehen sind (§ 61 LUG.)[40]).

Eine Einschränkung erleidet das Recht an der Melodie nur in ganz bestimmten, vom Gesetz aufgeführten Fällen. Es ist nämlich gestattet:

1. Die Anführung einzelner Stellen erschienener Kompositionen in einer selbständigen literarischen Arbeit (§ 21 LUG. Abs. 1). Die entnehmende Arbeit darf aber nicht selbst ein Tonwerk sein oder eine Sammlung von Tonwerken; die Gedanken der Arbeit müssen sich in Sprache äußern, und sie muß insbesondere auch einen selbständigen, individuellen Gedankeninhalt haben, wenn dieser sich auch an die Komposition anlehnt[41]).
2. Die Aufnahme vollständig erschienener kleinerer Kompositionen in einer selbständigen wissenschaftlichen Arbeit, z. B. in einer Musikgeschichte, Kompositions-. Harmonie- und Kontrapunktlehre (§ 21 Ziff. 2 LUG.).
3. Die Aufnahme kleinerer Kompositionen in eine Sammlung der Werke einer größeren Zahl von Komponisten zum Zwecke des Unterrichts in Schulen (z. B. Volksschulen, Mittelschulen, Höhere Schulen, ausgenommen jedoch die Musikschulen, § 21 Abs. 3 LUG.).

Die danach zulässige Benutzung fremder Melodieen ist jedoch stets mit der Verpflichtung zur deutlichen Quellen-

[40]) So auch Mittelstaedt in Musikhandel und Musikpflege 1907, 58 und Bock und Challier daselbst 1902, 207.

[41]) So: Allfeld 177.

angabe verbunden (§§ 25 und 44 LUG.). Ebenso sind Änderungen nur insoweit gestattet, als es sich um Bearbeitungen handelt, die nur Auszüge oder Übertragungen in eine andere Tonart oder Stimmlage oder Einrichtungen für die im § 12 LUG. bezeichneten Instrumente darstellen. Benutzungen einer Melodie im Sinne des § 13 Abs. 2 LUG. sind also verboten (§ 24 LUG.[42]). Wenn ferner in den vorerwähnten Fällen die Benutzung fremder geschützter Melodieen erlaubt ist, so ist natürlich auch ohne weiteres ihre Verbreitung und öffentliche Aufführung gestattet (§ 26 LUG.).

Die Vorschrift des § 22 LUG. schließlich, die für Komponisten und Verleger eine schwere Einbuße bedeutete, die die idealen Bestrebungen der Komponisten im Interesse der Industrie dem Geldbeutel opferte, und die der Musikergötzung durch die Drehorgel wahrem Kunstgenuß gegenüber den Vorzug gab, ist glücklicherweise durch das Gesetz vom 22. Mai 1910 als eine Folge des Art. 13 RevBÜ. abgeändert worden. An ihre Stelle ist die Verpflichtung des Melodieberechtigten getreten, auch Dritten gegen angemessene Vergütung die Benutzung seiner Melodie gestatten zu müssen, falls der Melodieberechtigte einem anderen die Benutzung der Melodie zur mechanischen Wiedergabe gestattet hat und die Melodie erschienen ist (sog. Zwangslizenz, § 22 Abs. 1 LUG.). Für die Entstehung des Anspruches des Dritten ist es gleichgültig, ob der Melodieberechtigte dem andern die Vervielfältigung mit oder ohne Übertragung des ausschließlichen Rechtes an der Melodie gestattet hat. Es muß sich aber um eine gewerbsmäßige mechanische Vervielfältigung des Anderen handeln, eine eigene Benutzung der Melodie zur mechanischen Wiedergabe steht der Überlassung an den Anderen nicht gleich. Über die Höhe der Vergütung entscheidet im Zweifel das Gericht nach freiem Ermessen (§ 49 Abs. 2 LUG.). Die freiwillige Lizenzerteilung wie auch die Zwangslizenz schließt die Erlaubnis in sich, die mechanischen Musikinstrumente und das erforderliche Zubehör

---

[42]) So auch Daude, Kommentar, Anm. zu § 24 LUG.

ohne weitere Erlaubnis zur öffentlichen Aufführung zu benutzen. Auch hier sind Änderungen des Tonsatzes der Melodie nicht gestattet. Erlaubt sind nur Bearbeitungen der in § 12 Abs. 2 Ziff. 4 und 5 aufgezählten Art. Denn es ist ohne weiteres einleuchtend, daß jede Komposition zum Zwecke der Wiedergabe durch mechanische Musikinstrumente erst arrangiert werden muß. Im einzelnen vergl. §§ 22—26 LUG. und § 20 Abs. 3 LUG., ferner §§ 2 Abs. 2, 12 Abs. 2 Ziff. 5, 14 Ziff. 4 LUG.

Hat das Gesetz hier endlich Wandel geschaffen, so wird es hoffentlich bei einer nächsten Revision des literarischen Urheberrechts auch dazu schreiten, dem § 20 LUG. eine andere Fassung zu geben, der kleinere Teile einer Dichtung oder Gedichte von geringem Umfange zu komponieren und zu vervielfältigen jedem musikalischen Stümper gestattet — vom Standpunkte des Dichters aus »ein hergebrachter, aber ganz ebenso brutaler wie willkürlicher Eingriff in das persönliche Recht des Dichters, der wehrlos einem gefährlichen Komponisten preisgegeben ist«[43]).

Eine Einschränkung erhält das Recht an der Melodie endlich noch insofern, als nach § 27 LUG. solche öffentliche Aufführungen freigegeben sind, bei denen jede Absicht, aus ihnen einen mittelbaren oder unmittelbaren Erwerb zu erzielen oder sich mittelbar oder unmittelbar in den Dienst eines gewerblichen Unternehmens zu stellen, von vornherein ausgeschlossen ist. Es fallen darunter die Aufführungen im Bereiche der Kirche, der Schule, des Heeres und der Flotte, nicht jedoch solche in Gastwirtschaften, wenn auch die Zuhörer ohne Entgelt zugelassen werden[44]). Solche Aufführungen sind ohne Einwilligung des Melodieberechtigten ferner zulässig, wenn es sich um Volksfeste, Wohltätigkeitsveranstaltungen und Veranstaltungen von Vereinen mit geschlossener Mitgliederzahl handelt. Unstatthaft sind allerdings solche Aufführungen in Vereinen, die einer großen Anzahl

[43]) Dungs, Lehrbuch 22.

[44]) Vergl. Lindemann, Anm. 2 zu § 27 und Recht 09, Beil. Nr. 3508.

von Personen gegen leicht zu erfüllende Bedingungen den Zutritt gewähren, indem der Eintritt zu den einzelnen Konzertaufführungen etwa durch Erhebung eines jährlichen Mitgliederbeitrages gestattet wird[45]).

Die ausschließliche Befugnis zur öffentlichen Aufführung der Melodie spricht § 11 Abs. 2 LUG. aus. Das Aufführungsrecht kann mit dem Notenerwerb übertragen werden dergestalt, daß auf den Notenexemplaren das Aufführungsrecht ausdrücklich freigegeben wird; zumeist aber wird es heute dadurch erworben, daß der Aufführende an die Tantiemenanstalt deutscher Komponisten in Berlin eine Pauschalsumme zahlt. Dieser Tantiemenanstalt gehören fast alle bedeutenderen und bekannteren Komponisten an. Über das Aufführungsrecht musikalischer Werke vergl. im einzelnen §§ 11 Abs. 2, 26, 27, 28 und die Übergangsbestimmungen in § 61 LUG.[46]).

[45]) So auch DJZ. 96, 98; JW. 1911, 254; GoltdArch. 58, 454 und Lindemann, Anm. 5 zu § 27.

[46]) Eingehend behandeln die Frage des musikalischen Aufführungsrechts die Schriften von: D'Albert, Die Verwertung des musikalischen Aufführungsrechts in Deutschland, Jena 1907 und Bock, Das Aufführungsrecht an dramatischen und musikalischen Werken, Berlin 1907.

Anhang.

Schlußbetrachtung über die Abschnitte 4 und 5, enthaltend Gegenstand und Inhalt des Rechtes an der Melodie.

Eine Schlußbetrachtung über die Abschnitte 4 und 5, enthaltend Gegenstand und Inhalt des Rechtes an der Melodie, zeigt, kurz zusammengefaßt, folgendes Ergebnis:

Die Ansichten über den Melodiebegriff haben sich im Laufe der Zeit erheblich geändert. Der alte Begriff der reinen Liedmelodie ist nicht mehr anwendbar, wenn man zu einer vernünftigen Auslegung des § 13 Abs. 2 LUG. gelangen will. Die Fortschritte auf dem Gebiete der Komposition allein in den letzten 10—20 Jahren sind derartige, daß man schon nicht mehr die Begriffe über den Gegenstand der Melodie verwerten kann, die dem Gesetzgeber von 1901 vorgeschwebt haben, — wenn solches Zurückgehen auf die Quellen überhaupt hier von Wert ist. Man steht zwar vielfach noch auf dem alten Melodiebegriff im engeren Sinne, aber die Melodie im weiteren Sinne gewinnt immer mehr an Boden. In allen modernen großen Kompositionen machen Melodieführung, Harmonie und Rhythmus zusammen erst die Melodie aus und sie geben der in ihnen lebenden und atmenden Musik ihren besonderen Charakter, ihr melodisches Gepräge. Fast hat es den Anschein, als ob wir überhaupt vor einem ganz neuen Tonsystem ständen. Schon seit der Zeit der letzten Schaffensperiode Beethovens erkennt man, daß die Harmonie immer kühnere Formen annimmt; der Rhythmus kennt unerhörte Freiheiten, um neue Ausdrucksmittel zu finden. Die Nebenstimmen beginnen sich mehr und mehr von den Hauptstimmen loszulösen. Die Werke von Berlioz bis Richard Strauß und von allen den Neuen und Neuesten zeigen dies auf Schritt und Tritt. Dieser Entwicklung entsprechend hat sich aber auch das Ohr des modernen Menschen musikalisch umgebildet; es ist empfänglicher und reizbarer für Tonempfindungen geworden, die die Musik vergangener Jahrhunderte nicht kannte. Wir empfinden musikalische Klangkombinationen als wohllautend, die früher als häßlich verworfen wurden. Hand in Hand damit hat sich das ästhetische Empfindens- und Ausdrucksvermögen hinsichtlich der Rhythmik und der Dynamik in bisher ungekannter Weise gesteigert. Vielfach will es gar scheinen, daß wir in dieser Hinsicht zu den strengen kirchlichen Formen der vorklassischen Periode und zu den Formen des Altertums zurückgreifen. Denn trotz der Freiheiten in der Rhythmik ist die Empfänglichkeit für rhythmische Bewegungen ungleich größer als früher. Wir sind heute ferner imstande vermöge der Ungebundenheit in Harmonie, Rhythmik und und Dynamik Empfindungen durch Töne auszudrücken und zu begreifen, wie sie früher unbekannt waren. Die reine Melodie ist durchaus nicht mehr das allein Bindende in der Musik; die Freiheit der Formen in der Modulation der Harmonieen ermöglicht es, ein Tonwerk auch von großem Umfange einheitlich zu gestalten. Wenn viele daher das Neue in der Musik nicht verstehen, wenn der heutige Mensch mit normalem musikalischen Empfinden Beethoven in seinen letzten Werken, Wagner in seinen letzten Tondramen (besonders Tristan und Parsival), Liszt und die jüngeren Meister wie Cornelius, Hugo Wolff, Richard Strauß, Pfitzner, Schillings, Bruckner und Brahms u. a. zu hoch und deshalb unverständlich findet, so ist das noch nicht ausschlaggebend dafür, daß ihre Werke des gesetzlichen Schutzes gegen unbefugte Melodiebenutzung entbehren müssen, weil die Melodieführung nicht den landläufigen Begriffen entspricht. Es ist nur natürlich, daß man eine Musik nicht schätzt, die man nicht versteht. Aber trotzdem ist das eine klar, daß gerade unsere modernste ernste Musik — von der Musik leichteren Schlages soll hier überhaupt nicht die Rede sein — den allermeisten deshalb noch zu neu ist, weil ihr musikalisches Empfinden nicht in dem Maße vorgeschritten ist, wie es das Verständnis für unsere jüngsten Tondichter zum Teil erfordert. Wenn infolgedessen auch von vielen Seiten unserer modernen Musik vorgeworfen wird, sie kranke an gesuchter

Originalität und an übertriebenem Naturalismus, so kann man nur entgegenhalten, daß gerade sie, wie heute auch jede andere Kunst, das lebhafteste Streben nach einer unserer modernen Empfindung entsprechenden Gestaltung hat. Der übertriebene Naturalismus ist eine Übergangskrankheit, die notwendig überstanden werden muß, um zu den neuen und reinen Formen zu gelangen, nach denen unsere moderne Musik so lebhaft sucht[47]). Darüber kann man sich nämlich keinerlei Zweifel mehr hingeben, daß wir uns, wie Lamprecht[48]) in seiner Deutschen Geschichte ausführt, seit etwa Mitte des 19. Jahrhunderts in einer neuen Epoche der Musik befinden, »zu welcher die romantische Musik und die klassische Musik, soweit diese vorwärts weist, ebenso Vorperiode bildet, wie die Zeiten der Empfindsamkeit mit folgendem Sturm und Drang und die Jahrzehnte der Romantik Vorperiode sind zu dem Zeitalter der heutigen Reizsamkeit in der bildenden Kunst und Dichtung«. Lamprecht sagt weiter mit Recht, daß alle moderne Komposition das rein melodische Gefüge zugunsten einer größeren subjektiven Ausdrucksfähigkeit lockere, und daß die Stimmungsmalerei eine Hauptaufgabe unserer modernen Komponisten sei. Der moderne Melodiebegriff führt also ganz abseits von dem Wege, auf dem er bisher im Laufe der letzten zwei Jahrhunderte gegangen ist. Diesem neuen Begriff muß aber das Urheberrechtsgesetz in § 13 Abs. 2 Rechnung tragen, will es nicht als rückständig erscheinen.

Sodann hat sich Hand in Hand mit der Wandlung des Melodiebegriffes allmählich auch die Überzeugung Bahn gebrochen, daß die Melodie des rechtlichen Schutzes nicht entbehren dürfe. Zur Zeit Haydns, Mozarts und Beethovens dachte man eben anders, wenn man eine fremde Melodie in eigenen Tonwerken verwertete. Die wirtschaftlichen Nachteile waren nicht so erheblich wie zur Zeit der Geltung des Urheberrechtsgesetzes von 1870, wo Bearbeitungen über noch nicht gemeinfreie Melodieen infolge der unglück-

[47]) Kohler in ArchZivPrax. 82, 238.

[48]) Lamprecht, Deutsche Geschichte. Erster Ergänzungsband: Zur jüngsten deutschen Vergangenheit. Berlin 1902, 2 und 23 ff.

lichen Fassung des § 46 dieses Gesetzes und infolge des veränderten Geschmakes des Publikums zum Schaden der Originalkomponisten und ihrer Verleger massenweise auf den Musikalienmarkt kamen und gekauft wurden. Damals dachte man eben nicht an die Möglichkeit wirtschaftlicher Schädigung, weil sie nicht fühlbar wurde, und der Gedanke, daß die Produkte geistiger Tätigkeit ebenso wie jedes andere Rechtsgut zu schützen seien, begann erst Wurzel zu schlagen. Hätten die großen Komponisten der klassischen Periode so gedacht wie unsere Zeit, sie wären nicht verlegen gewesen, ihren Geist mit anderem Material zu befruchten; sie nahmen es, wo sie es nehmen konnten und nach damaligen Begriffen auch nehmen durften. Der Kunst aber kann es nur zum Heile gereichen, sagt Kohler[49]), »wenn man den Künstler von Anfang an auf Originalität, auf eigene Erfindung verweist und warnt, sich mit den Werken anderer Autoren zu ersättigen«. Denselben Gedanken hat auch bereits Wächter[50]) de lege ferenda ausgedrückt, indem er ausführt: »Es dürfte im Zweifel ein Festhalten an dem Kriterium der Melodie sich empfehlen und dem Einwande, es möchten hierdurch für den musikalischen Verkehr zu enge Schranken gezogen werden, die Erwägung entgegentreten, daß einerseits der Bearbeiter sich mit dem Verlagsberechtigten bezüglich der Melodie ins Einvernehmen setzen mag, andererseits daß selbst durch gänzliches Unterbleiben aller solcher Kompositionen nach gegebenen (fremden) Melodieen, wie Variationen, Potpourris, Fantasieen u. dergl. die Kunst einen wahren Verlust in der Tat nicht erleiden, sondern nur einer Flut mittelmäßiger und nichtswürdiger Musikstücke, welche den Markt überschwemmen und den Geschmack verderben, entledigt würde.« Man soll der in § 13 Abs. 2 LUG. getroffenen Bestimmung also nicht zum Vorwurf machen, daß sie die geistige Weiterentwicklung und Verbreitung der Musik hemme und unterbinde. Niemand soll es verboten sein, an den Werken

[49]) Kohler in ArchZivPrax. 82, 141.

[50]) Wächter, Verlagsrecht 1857, S. 594 Anm. 2.

unserer großen Meister der Tonkunst zu studieren, ihre Kompositionsweise befruchtend auf sich einwirken zu lassen und auf ihren Werken weiter selbständig aufzubauen. Es hat auch noch niemand einem Komponisten einen Verstoß gegen § 13 Abs. 2 zum Vorwurf gemacht, wenn er in dem Stil seines vorbildlichen Meisters schreibt. Lediglich der unerlaubten Benutzung einer geschützten Melodie, sofern diese erkennbar einem neuen Werke der Tonkunst zugrunde gelegt ist, soll gesteuert werden. Wenn dagegen geltend gemacht wird, daß selbst keiner unserer großen Meister sich dagegen gewehrt habe, daß ihre Melodieen von anderen ohne Erlaubnis benutzt worden seien, so ist dem entgegenzuhalten, daß der Idealismus eines Haydn heute auch nicht mehr auf dem Gebiete der Tonkunst am Platze ist, wo alles nach umfassendem gesetzlichen Schutze des individuellen geistigen Schaffens drängt. Mögen auch im Interesse wahrer und echter Kunst die Härten des § 13 Abs. 2 LUG. von vielen bedauert werden, — insonderheit was die Variationen betrifft —, aber es ist immer besser, die wenigen wirklichen Komponisten unterziehen sich der kleinen Mühe, von dem Melodieberechtigten die Erlaubnis zur Benutzung zu erwirken, und diese wird ihnen meist bereitwillig gewährt, als daß durch Herstellung musikalischer Dutzendware echte Kunst entwürdigt und bei dem heutigen verdorbenen Geschmack unseres großen Publikums das Schlechte gekauft und das Gute wirtschaftlich entwertet wird.

Zweiter Teil.

(Formeller Teil.)

Vorbemerkung.

Die Rechtsverfolgung bei Verletzungen des Rechtes an der Melodie.

Eine Verletzung des Rechtes an der Melodie kann zivilrechtlich und unter Umständen auch strafrechtlich verfolgt werden. Diese zivilrechtlichen und strafrechtlichen Folgen der unerlaubten Benutzung einer Melodie treten aber in der Regel nur dann ein, wenn die Komposition mit dieser Melodie dem Verkehr übergeben ist (§§ 36, 37, 38 LUG.). Die Benutzung und Bearbeitung einer Melodie zum persönlichen Gebrauch ohne Gewinnabsicht kann niemand verbieten (§ 15 Abs. 2 LUG.). Dem Verkehr übergeben wird nun eine Komposition, wenn sie vervielfältigt und verbreitet, oder wenn sie öffentlich aufgeführt wird. Die Vervielfältigung kann sowohl durch Druck oder Abschrift (Notenabschreiben), durch Herstellung auch nur eines weiteren oder vieler Exemplare geschehen. Die Verbreitung kann erfolgen durch Verkauf, Vermieten, Verleihen usw. und durch Gebrauch bei gewerblichen Aufführungen, mögen diese auch eine Gewinnabsicht nicht bezwecken [1]. Die Aufführung schließlich muß öffentlich sein; das ist aber der Fall, wenn sie über den Rahmen des rein Häuslichen hinausgeht [2]. Ausnahmen hiervon enthält nur § 27 LUG. zugunsten gewisser öffentlicher Aufführungen, insbesondere zu wohltätigen und kirchlichen Zwecken. Die Vermögensinteressen des Melodieberechtigten werden also zumeist verletzt sein, wenn man gegen den unbefugten Benutzer einer Melodie vorgehen will, obgleich die Geltendmachung des Rechtes an der Melodie von einer Verletzung der Vermögensinteressen unabhängig ist, mithin eine Verletzung der Persönlichkeitssphäre des Melodieberechtigten zur Rechtsverfolgung genügt. Wenn also z. B. ein Musiklehrer Melodieen geschützter Kompositionen in einer gegen § 13 Abs. 2 LUG. verstoßenden Weise zu

[1] RGSt. 37, 369.
[2] Vergl. Kohler, Urheberrecht 185 ff.

Studienzwecken, etwa in Form von Etüden, bearbeitet, und diese Etüden seine Schüler in den Unterrichtsstunden spielen läßt, so liegt darin an sich eine Verletzung des Rechtes an der Melodie; eine zivilrechtliche oder strafrechtliche Verfolgung wegen Benutzung einer geschützten Melodie würde aber nicht eintreten können, da hierzu das In-Verkehr-setzen kommen muß. Unter Umständen wäre vielleicht die noch unten zu behandelnde Klage aus § 1004 BGB. gegeben. Anders jedoch läge der Fall, wenn der Musiklehrer die Etüden vervielfältigte oder auch nur unentgeltlich, etwa durch Abschreiben, verbreitete oder in Schülerkonzerten öffentlich aufführte. Darin liegt ein unzulässiges In-Verkehrsetzen. Hierdurch werden dann auch in der Regel die Vermögensinteressen des Melodieberechtigten verletzt sein, wenn dies auch, wie schon gesagt, zur Rechtsverfolgung an sich nicht erforderlich ist.

Die Rechtsverfolgung gestaltet sich nun folgendermaßen:

a) Was zunächst die zivilrechtlichen Rechtsmittel bei Verstößen gegen § 13 Abs. 2 LUG. betrifft, so hat diese das Urheberrecht selbst nicht erschöpfend geregelt. Es gibt in den §§ 36 und 37 LUG. nur einen Schadensersatzanspruch bei schuldhafter Verletzung der ausschließlichen Befugnisse des Komponisten, wozu das Recht an der Melodie gehört. Damit sind aber lediglich die Vorschriften des Bürgerlichen Gesetzbuches in §§ 823ff. außer Anwendung gesetzt nach dem Grundsatze, daß das speziellere Gesetz das allgemeinere aufhebt, nicht aber die nach dem Bürgerlichen Gesetzbuche gegebenen weiteren Ansprüche bei nichtschuldhafter, objektiv widerrechtlicher Verletzung ausschließlicher urheberrechtlicher Befugnisse[3]). Demgemäß ist sowohl die Unterlassungsklage nach § 1004 BGB. (actio negatoria) als auch die Bereicherungsklage nach §§ 812 ff. BGB. (condictio) als zulässig zu erachten.

Der Melodieberechtigte kann ferner seine Rechte nicht nur im Wege der Leistungsklage verfolgen, sondern ins-

[3]) So: Daude, Kommentar 83; Dernburg 6, 209; Riezler 118.

besondere auch mittels der positiven und negativen Feststellungsklage nach § 256 ZPO., der Inzidentfeststellungsklage und Widerklage nach § 280 ZPO. und durch das vorläufige Sicherungsmittel der Erwirkung einer einstweiligen Verfügung nach § 935 ZPO.

b) Den strafrechtlichen Schutz dagegen regeln die §§ 38—48 LUG.

Eine Zusammenstellung der Rechtsschutzmittel, die dem Melodieberechtigten[4]) bei Verletzung des Rechtes an der Melodie zustehen, ergibt demnach folgendes Schema:

I. Die zivilrechtlichen Rechtsbehelfe:

1. Der Unterlassungsanspruch nach § 1004 BGB.
2. Der Anspruch auf Schadensersatz nach §§ 36, 37 LUG.
3. Der Anspruch auf Herausgabe der ungerechtfertigten Bereicherung nach §§ 812 ff. BGB.
4. Die Feststellungsklage nach § 256 ZPO. und die Inzidentfeststellungsklage und Widerklage nach § 280 ZPO.
5. Die einstweilige Verfügung nach §§ 935 ff. ZPO.

Anhang: Die Zuständigkeit der Gerichte.

II. Der strafrechtliche Schutz:

1. Die vorsätzliche unbefugte Vervielfältigung, gewerbsmäßige Verbreitung und öffentliche Aufführung nach § 38 LUG.
2. Der Anspruch auf Buße nach § 40 LUG.
3. Die Vernichtung und Übernahme von Notenexemplaren und Verrichtungen nach §§ 42, 43, 46, 47, 48, 52 LUG.

Anhang: Die musikalischen Sachverständigenkammern.

Im folgenden sollen nunmehr diese Rechtsschutzmittel einer näheren Betrachtung unterzogen werden.

---

[4]) Es wird das in den meisten Fällen der Verleger sein, da er sich in dem Verlagsvertrag regelmäßig das ausschließliche Recht an der Melodie übertragen läßt.

Erster Abschnitt.

Die zivilrechtlichen Rechtsbehelfe[5].

Erstes Kapitel.

Der Unterlassungsanspruch.

Dieser der gemeinrechtlichen actio negatoria entsprechende Anspruch wird im Urheberrecht selbst nicht erwähnt. Das Urheberrecht als absolutes Recht reagiert aber ähnlich dem Eigentum gegen jede Beeinträchtigung der in ihm liegenden Herrschaftsbefugnisse, also gegen Störungen durch das Verhalten Dritter, das dem Inhalte des Rechtes widerspricht. Hiergegen entwickelt sich demgemäß auch im Urheberrecht ein Anspruch auf Unterlassung gegen den Störer mit einem dem § 1004 BGB. entsprechenden Inhalte. Dieser Ablassungsanspruch ist somit ein Ausfluß des Immaterialgüterrechts und findet kraft Gewohnheitsrechtes zum Schutze aller Urheberrechte allgemeine Anwendung. Der § 1004 BGB. sagt:

»Wird das Eigentum in anderer Weise als durch Entziehung oder Vorenthaltung des Besitzes beeinträchtigt, so kann der Eigentümer von dem Störer die Beseitigung der Beeinträchtigung verlangen. Sind weitere Beeinträchtigungen zu besorgen, so kann der Eigentümer auf Unterlassung klagen.

Der Anspruch ist ausgeschlossen, wenn der Eigentümer zur Duldung verpflichtet ist.«

Diese Vorschrift auf das Recht an der Melodie angewendet, ergibt demgemäß als Klagevoraussetzung eine objektiv rechtswidrige Störung der dem Melodieberechtigten an der Melodie zustehenden Rechte, bezw. die Befürchtung der Wiederholung einer solchen Störung oder auch nur die bloß drohende Gefährdung einer Störung. Die Befürchtung der

[5]) Literatur: Allfeld 217; Crome 4, 34; Hellwig, Anspruch und Klagerecht, Jena 1900, 388ff.; Kohler, Urheberrecht 352ff; Riezler 114ff.

Wiederholung einer Störung ist z. B. gegeben, wenn eine Komposition mit unbefugt benutzter Melodie in einem Wohltätigkeitskonzert oder in den sonstigen Fällen des § 27 Ziff. 1—3 LUG., die der Melodieberechtigte nicht verhindern kann, öffentlich aufgeführt ist. Eine bloße Gefährdung des Rechtes an der Melodie kann dagegen in Proben zur Aufführung von Werken gesehen werden, in denen widerrechtlich fremde Melodieen benutzt sind oder in der öffentlichen Ankündigung der bevorstehenden Aufführung solcher Werke; sie kann auch lediglich in der Behauptung liegen, die Melodie genieße keinen Schutz, da sich andere hierdurch verleiten lassen könnten, die Melodie in einer gegen § 13 Abs. 2 LUG. verstoßenden Weise zu benutzen[6]). Einer Klage aus § 1004 BGB. kann sich aber auch selbst der Originalkomponist der Melodie aussetzen, wenn er entgegen dem Verlagsvertrag mit seinem Verleger eine Melodie aus der in Verlag gegebenen Komposition ohne Erlaubnis des Verlegers einer neuen Komposition in erkennbarer Weise thematisch zugrunde legt.

Auf ein Verschulden des Störenden kommt es nach § 1004 BGB. nicht an, nicht einmal auf seine Verschuldungsfähigkeit. Denn gerade auf dem Gebiete der Tonkunst kommt es häufig vor, daß die Kompositionstätigkeit in einem Alter beginnt, in dem von einer Verschuldungsfähigkeit noch gar keine Rede sein kann. Ein solcher jugendlicher Komponist kann sehr wohl gegen § 13 Abs. 2 LUG. verstoßen und gegen ihn bzw. seinen gesetzlichen Vertreter kann mit der actio negatoria in diesem Falle vorgegangen werden[7]).

Anspruchsberechtigt ist der, dem zur Zeit der Störung das Recht an der Melodie zusteht. Das wird auf Grund des Verlagsvertrages in den meisten Fällen der Verleger sein, wenn die Komposition nicht im Selbstverlag erschienen ist. Für Mitberechtigte enthält die einschlägigen Bestimmungen § 1011 BGB. und für Miterben 2038 BGB.

---

[6]) So: Allfeld 217; Riezler 115, Anm. 6; Crome 34ff.

[7]) A. M.: Kohler, Urheberrecht 351, der annimmt, der Anspruch aus § 1004 BGB. setze die Zuwiderhandlung durch eine verantwortliche Person voraus.

Der Anspruch richtet sich gegen den Störer. Mit dem Recht an der Melodie erlischt auch der Anspruch Wird das Recht an der Melodie durch Vertrag übertragen oder geht es auf die Erben gemäß § 8 LUG. über, so geht auch der Anspruch über.

Die Klage geht auf Beseitigung der bestimmt zu bezeichnenden Beeinträchtigung durch die unbefugte Melodiebenutzung und erforderlichenfalls auf Unterlassung weiterer Beeinträchtigungen; letzterer Antrag schließt das Verbot des weiteren Absatzes von Notenexemplaren in sich, die die unzulässigerweise benutzte Melodie enthalten[8]). Durch Anerbieten einer Geldentschädigung kann sich der Beklagte nicht seiner Beseitigungspflicht entziehen, selbst dann nicht, wenn sie nur mit unverhältnismäßigen Mitteln möglich wäre[9]).

Auf Antrag kann im Urteil für den Fall einer ferneren Zuwiderhandlung eine Strafandrohung gemäß § 890 ZPO. ausgesprochen werden.

Die Frage, inwieweit das Urteil rechtskräftig wird, regelt § 322 ZPO., und die Frage der Zwangsvollstreckung regeln die §§ 897, 880 ZPO., sofern das Urteil auf Beseitigung der vorhandenen Beeinträchtigung des Rechtes an der Melodie lautet, der § 890 ZPO. dagegen, sofern es auf Unterlassung weiterer Beeinträchtigungen des Rechtes an der Melodie geht. Von Bedeutung kann hier der § 717 Abs. 2 ZPO. werden, der eine eventuelle Schadensersatzklage gibt, wenn der Kläger auf Grund des für vorläufig vollstreckbar erklärten erstinstanzlichen Urteils, das in den weiteren Instanzen dann aufgehoben oder abgeändert wird, die bereits hergestellten Notenexemplare etwa hat vernichten lassen oder ihre Verbreitung inhibiert hat, oder wenn er die Aufführung oder den öffentlichen Vortrag einer Komposition verhindert hat usw. Dieser Schadensersatzanspruch ist allerdings ein durchaus anderer als der Schadensersatzanspruch nach §§ 36 und 37 LUG. Er kann nicht mit der abwehrenden Klage aus § 1004 BGB.

---

[8]) RGZ. 25, 373.

[9]) RGZ. 51, 408 ff.

verbunden werden, wenn nur die Voraussetzungen dieser Klage vorliegen [10]).

Der Gerichtsstand für die Klage aus § 1004 BGB. ist der allgemeine des § 13 ZPO., nicht der besondere des § 32 ZPO., denn die Klage stützt sich nicht auf eine unerlaubte Handlung [11]). Der Gerichtsstand der unerlaubten Handlung ist auch dann nicht gegeben, wenn mit der abwehrenden Klage die Klage auf Schadensersatz verbunden wird, denn bei objektiver Klagehäufung besteht die Zulässigkeit der Verbindung nur dann, wenn für sämtliche Ansprüche dasselbe Prozeßrecht und dieselbe Prozeßart zulässig ist (§ 260 ZPO.) [12]).

Die Verjährung des Anspruchs auf Beseitigung der Beeinträchtigung und auf weitere Unterlassung erfolgt in 30 Jahren.

Zweites Kapitel.

Der Schadensersatzanspruch [13]).

Die Voraussetzung für diese Klage ist jede schuldhafte rechtswidrige Verletzung des dem Melodieberechtigten zustehenden Rechtes an der Melodie durch Vervielfältigung oder gewerbsmäßige Verbreitung oder Mitteilung des wesentlichen Inhalts einer Komposition mit unzulässigerweise benutzter Melodie (§ 36 LUG.) oder ferner durch öffentliche Aufführung einer solchen Komposition (§ 37 LUG.). Diese Voraussetzungen sind auch dann noch als vorliegend zu erachten, wenn die Benutzung einer geschützten Melodie und die Vervielfältigung der Komposition mit dieser Melodie vor Ablauf der für die Melodie geltenden 30jährigen Schutzfrist geschieht, die Verbreitung aber erst nach Ablauf der Schutzfrist erfolgt; denn durch den Ablauf der Schutzfrist wird

[10]) RGZ. 62, 321 ff.

[11]) RGZ. 10, 325; 25, 394; 29, 57.

[12]) RGZ. 27, 385; Riezler 155.

[13]) Literatur: Allfeld 223—231; Daude, Kommentar, Bem. zu §§ 36, 37 LUG., S. 84—88; Dernburg 6, 211 ff.; Kohler, Urheberrecht 360 ff.; Riezler 119 ff.

die Rechtswidrigkeit der Benutzung der Melodie nicht geheilt. Die Verfolgung aus §§ 36 und 37 LUG. kann demnach auch noch nach Ablauf der Schutzfrist stattfinden [14]).

Im Gegensatz zum Ablassungsanspruch nach § 1004 BGB. muß die Verletzung des Rechtes an der Melodie beim Schadensersatzanspruch schuldhaft, d. h. vorsätzlich oder fahrlässig geschehen. Vorsätzlich erfolgt die Benutzung einer geschützten Melodie und ihre demnächst stattfindende Vervielfältigung, gewerbsmäßige Verbreitung oder öffentliche Aufführung, wenn sie mit dem Willen und dem Bewußtsein vorgenommen wird, daß dadurch die ausschließlichen Befugnisse des Melodieberechtigten an der geschützten Melodie verletzt werden. Es genügt aber auch nach ständiger Rechtsprechung des Reichsgerichts der bloße eventuelle Vorsatz, also die Vorstellung von der Möglichkeit der Verletzung des Rechtes an der Melodie und das Wollen des Erfolges trotz der Vorstellung von dieser Möglichkeit [15]). Ein solcher Fall würde z. B. vorliegen, wenn der Benutzer der Melodie weiß, daß er die Melodie eines Verstorbenen benutzt und verbreitet, es aber unterläßt, sich durch Feststellung des Todesjahres des Komponisten der Melodie zu vergewissern, ob die Schutzfrist abgelaufen ist. Fahrlässig dagegen handelt der Benutzer einer Melodie, wenn er die im Verkehr erforderliche Sorgfalt außer acht läßt (§ 276 BGB.). Die im Verkehr erforderliche Sorgfalt richtet sich dabei nach den konkreten typischen Verhältnissen, nach dem besonderen Berufsleben. Deshalb muß von einem Komponisten bzw. einem Verleger, die als Melodieberechtigte in der Regel in Betracht kommen, verlangt werden, daß sie über die einschlägigen Rechtsnormen unterrichtet sind und insbesondere die Dauer der Schutzfrist kennen, ehe eine Melodie benutzt und verbreitet wird. Eine allgemeine Nachforschungspflicht darf hieraus allerdings nicht hergeleitet werden; es genügt eine verständige und gewissenhafte Nachforschung, nicht aber die eines besonders peinlichen und kleinlichen Komponisten oder Verlegers.

---

[14]) So: Allfeld 223; Birkmeyer, Reform des Urheberrechts 39.

[15]) RGSt. 15, 419.

Eine gewinnsüchtige Absicht ist weder bei vorsätzlichem noch fahrlässigem Handeln erforderlich [16]).

Berechtigt zur Erhebung des Schadensersatzanspruches ist der Verletzte, also der, dessen Rechte an der Melodie tatsächlich geschädigt sind. Das kann sein der Komponist oder der Verleger, der sich alle Rechte an der Melodie hat übertragen lassen, der Erbe oder ein sonstiger Rechtsnachfolger, auf den das Recht an der Melodie zugleich mit den übrigen ausschließlichen Befugnissen des Urhebers (§ 11 ff. LUG.) übergegangen sind [17]).

Verpflichtet zum Schadensersatz ist der, der das Recht an der Melodie verletzt hat, sei es, daß er es selbst tut, sei es daß er eine solche verletzende Handlung anordnet oder durch Dritte vornehmen läßt. Der Verpflichtete kann unter Umständen der Komponist der geschützten Melodie selbst sein, wenn er das Recht an der Melodie im Verlagsvertrag auf den Verleger übertragen hat und aus der in Verlag gegebenen Komposition eine Melodie ohne Erlaubnis seines Verlegers etwa als Thema zu einer Variation benutzt.

Da der Verlagsvertrag in den meisten Fällen überhaupt die rechtliche Grundlage für die Rechte und Pflichten zwischen Verleger und Komponisten bildet, so wird auch danach zu entscheiden sein, ob der eine oder der andere oder beide nebeneinander zur Erhebung der Schadensersatzklage berechtigt, oder ob der eine oder der andere oder beide im Prozesse passiv legitimiert, also die Ersatzpflichtigen sind.

Hinsichtlich der Mittäterschaft und hinsichtlich der Anstifter und Gehilfen vergl. die §§ 830, 840 BGB.

Die Schadensersatzpflicht erstreckt sich nun nur auf den entstandenen Vermögensschaden, nicht auch auf Vergütung für die erlittenen persönlichen Nachteile und Kränkungen (§ 253 BGB.) [18]). Die Höhe des entstandenen Schadens wird sich meistens ziffernmäßig von vornherein nicht feststellen lassen. Nach der Natur der Sache kommt

---

16) JW. 05, 352.

17) Riezler 123.

18) Lindemann, Anm. 5 zu § 36.

als Entschädigung hier nur Geldentschädigung, nicht Naturalrestitution, in Betracht (§§ 249 ff. BGB.). Das Gericht wird gemäß § 287 ZPO. unter Würdigung aller Umstände nach freier Überzeugung entscheiden müssen und die Sachverständigenkammer zur Ermittlung der Schadenshöhe zu Rate ziehen (§ 49 LUG.). Das Gericht kann dem Beweisführer — dem Kläger — auch eidliche Schätzung des Schadens gemäß § 287 Satz 3 ZPO. auferlegen. Nach Kohler[19]) ist im einzelnen zu ersetzen bzw. herauszugeben: der Schaden, der durch Entwertung der Komposition infolge der unbefugten Benutzung der Melodie entstanden ist, ferner die auf Ermittlung der Zuwiderhandlung gerichteten Kosten und schließlich aller Gewinn, den der Verletzer des Rechtes an der Melodie aus der verletzenden Tätigkeit gezogen hat (252 BGB.)[20]).

Die Verjährungsfrist des Schadensersatzanspruches beträgt 3 Jahre. Sie beginnt nicht, wie in § 852 BGB., erst mit der Kenntnis des Melodieberechtigten von dem Schaden und der zum Schadensersatz verpflichteten Person, sondern bereits mit der Begehung der Handlung; bei der widerrechtlichen Vervielfältigung beginnt die Verjährung also mit dem Tage, an dem die Verbreitung der widerrechtlich hergestellten Tonwerke zuerst stattgefunden, bei der widerrechtlichen Verbreitung oder Aufführung und des widerrechtlichen Vortrages dagegen mit dem Tage, an dem die widerrechtliche Handlung zuletzt stattgefunden hat (§§ 50, 51 LUG.).

Drittes Kapitel.

Der Bereicherungsanspruch.

Das Urheberrechtsgesetz behandelt diesen Anspruch, ebenso wie den Unterlassungsanspruch nach § 1004 BGB.,

[19]) Kohler, Urheberrecht 368.

[20]) So: RGSt. 35, 64; Dernburg 6, 206; Osterrieth, Altes und Neues 206.

selbst nicht. Er wird deshalb von Kohler[21]), entgegen dem Unterlassungsanspruch, im Urheberrecht als nicht zulässig erachtet mit der Begründung, der gutgläubige Verletzer des Urheberrechts sei um deswillen zur Herausgabe der ungerechtfertigten Bereicherung nicht verpflichtet, weil die Folgen der Verletzung in den §§ 36 ff. LUG. gegeben seien und nicht aus dem allgemeinen Recht ergänzt werden dürften, da hier eigenartige Gesichtspunkte obwalteten. Doch mit Unrecht. Denn erkennt man den Unterlassungsanspruch als zulässig an, — und das tut Kohler —[22]), obgleich dieser auch nicht im Urheberrecht Erwähnung gefunden hat, so ist kein Grund ersichtlich, weshalb nicht ebenfalls der Bereicherungsanspruch nach §§ 812 ff. BGB. als gegeben zu erachten ist. Das Urheberrechtsgesetz hat die zivilrechtlichen Folgen von Urheberrechtsverletzungen keineswegs erschöpfend regeln wollen, wie allseits anerkannt wird, daher ist das Schweigen des Gesetzes nicht als eine Ablehnung des im Bürgerlichen Gesetzbuch geregelten Bereicherungsanspruchs anzusehen. Demgemäß steht für das Urheberrecht der Anwendung des Bereicherungsanspruchs, insbesondere der §§ 812, 818 BGB., nichts entgegen[23]).

Der Bereicherungsanspruch ist nun stets dann gegeben, wenn die Voraussetzungen für eine Schadensersatzklage nicht vorliegen, d. h. wenn nicht ein schuldhafter, sondern lediglich ein objektiv widerrechtlicher Eingriff in das Recht an der Melodie vorliegt. Umgekehrt allerdings ist die Bereicherungsklage neben der Schadensersatzklage bei Vorliegen der Voraussetzungen zu einer solchen Klage stets gegeben, also auch dann, wenn Vorsatz und Fahrlässigkeit vorliegen.

Die Bereicherung muß »der Bereicherte« herausgeben, mithin auch der Verleger, der die Handlung selbst gar nicht vorgenommen hat.

---

[21]) Kohler, Urheberrecht 373.

[22]) Kohler, Urheberrecht 354 ff.

[23]) So: Allfeld 217; Daude, Kommentar, Vorbemerkung zu § 36 LUG., S. 84; Dernburg 6, 217; Kuhlenbeck, Bem. 5 zu § 36 LUG.; Lindemann, Vorbem. zu § 36, S. 92; Riezler 137 ff.

Die Höhe der Bereicherung festzustellen wird auch hier wie beim Schadensersatz oft schwierig sein. Sie besteht in der Herausgabe der gezogenen Nutzungen (§§ 818, 100 BGB.). Man wird sie demnach dadurch ermitteln können, daß man die Einnahmen aus den widerrechtlich abgesetzten Notenexemplaren und aus der unbefugten öffentlichen Aufführung zusammenrechnet und davon den auf die Vervielfältigung und den Vertrieb gemachten Aufwand einschließlich gezahlter Honorare und der Geschäfts- und Betriebsunkosten abzieht [24]). Herauszugeben ist aber lediglich das, was zur Zeit der Erhebung des Anspruchs tatsächlich noch vorhanden ist.

Der Bereicherungsanspruch verjährt in 30 Jahren.

Viertes Kapitel.

Die Feststellungsklagen.

Eine wichtige Rolle bei Verletzungen des Rechtes an Melodie spielen die Feststellungsklagen. Es wird häufig schwierig sein, bei Vorliegen der Voraussetzungen einer Schadensersatz- oder Bereicherungsklage die Höhe des Schadens oder der Bereicherung ohne eingehende und langwierige Beweiserhebung festzustellen. Hier gibt die positive Feststellungsklage dem Kläger die Handhabe, zur alsbaldigen Anerkennung seiner Rechte gegenüber dem Beklagten zu gelangen. Andererseits aber wird auch häufig der Beklagte in einem Prozesse, in dem gegen ihn ein Schadensersatz- oder Bereicherungsanspruch oder der Ablassungsanspruch geltend gemacht wird, zur negativen Feststellungsklage schreiten, bei der Schwierigkeit der Frage, wann überhaupt eine gegen § 13 Abs. 2 LUG. verstoßende Verletzung des Rechtes an der Melodie vorliegt.

a) Die positive Feststellungsklage insbesondere behandelt § 256 ZPO. Danach kann auf Feststellung des Bestehens oder Nichtbestehens eines Rechtsverhältnisses

[24]) So: Allfeld 217; Mandry 292.

Klage erhoben werden, wenn der Kläger ein rechtliches Interesse daran hat, daß das Rechtsverhältnis durch richterliche Entscheidung alsbald festgestellt werde. Der materielle Inhalt ist dem § 13 Abs. 2 LUG. zu entnehmen, und demgemäß hat die Klage dahin zu gehen: festzustellen, daß die Benutzung der bestimmt zu bezeichnenden Melodie einen unzulässigen Eingriff in das Recht an der Melodie bedeute. Die Klage ist selbst dann gegeben, wenn an sich die Leistungsklage auf Schadensersatz oder Herausgabe der Bereicherung oder auf Unterlassung nach § 1004 BGB. gegeben wäre — was früher vielfach bestritten wurde —, und zwar in dem Falle, daß die Feststellungsklageform durch ein besonderes, rechtliches Interesse gerechtfertigt erscheint. Ein Verschulden setzt die Feststellungsklage nicht voraus, wohl aber ein Verhalten des Beklagten, durch das die Interessen und insbesondere auch die wirtschaftlichen Interessen des Klägers gefährdet werden; sie ist insofern ein Vorbeugungsmittel weiteren Schadens. Die Gefährdung selbst kann in einer tatsächlichen Störung des Rechtes an der Melodie bestehen oder in Vorbereitungshandlungen zu einer solchen Störung und selbst in einem bloß ernstlichen Bestreiten des Rechtes oder des Umfanges des Rechtes an der Melodie[25]. Das Interesse braucht danach an sich weder ein rein vermögensrechtliches noch überhaupt ein privatrechtliches zu sein; es genügt vielmehr lediglich wie hier zumeist ein reines Wissensinteresse[26].

b) Die negative Feststellungsklage wird bei Rechtsstreitigkeiten über die Frage, ob eine Verletzung des in § 13 Abs. 2 LUG. anerkannten Rechtes an der Melodie vorliegt, eine noch weit häufigere Erscheinung sein als die positive Feststellungsklage. Sie erhebt der, dem gegenüber nach seiner Annahme zu Unrecht behauptet wird, er greife in das Recht an der Melodie des Melodieberechtigten ein; sie geht auf Feststellung, daß durch das Verhalten des Fest-

---

[25]) Riezler 146; Dernburg 6, 27.
[26]) So: RGZ. 17, 390; 35, 392.

stellung Begehrenden ein Recht dessen, der ihn wegen Verletzung desselben belangen will, nicht verletzt werde. Ein Bedürfnis nach Rechtssicherheit muß also vorhanden sein; eine Störung dieser Rechtssicherheit kann aber schon in bloß wörtlichen Anmaßungen gegenüber dem Feststellung Begehrenden liegen. Ein Verschulden setzt auch diese Klage nicht voraus. Das Eigentümliche dieser Klage liegt darin, daß sie eine Verteidigung in Form eines Angriffs bedeutet. Die Parteirollen sind vertauscht; der Kläger ist zwar formell der Kläger, in Wirklichkeit aber ist er der Angegriffene. Demgemäß ist auch aus dem, was der Beklagte behauptet, der materielle Inhalt der negativen Feststellungsklage zu entnehmen; es soll also festgestellt werden, daß die Benutzung der fremden Melodie einen Eingriff in das Recht des Melodieberechtigten an seiner Melodie nicht bedeute. Die Beweislast richtet sich hier nicht nach den Parteirollen, sondern nach der Bedeutung der zu beweisenden Tatsachen. Derjenige, der die negative Feststellungsklage erhebt, braucht in seiner jetzigen Klägereigenschaft zur Klagebegründung also nur zu beweisen, daß der jetzige Beklagte in seiner früheren Klägereigenschaft ihm, dem jetzigen Kläger gegenüber, ein bestimmtes Rechtsverhältnis, nämlich einen Schadensersatz- oder Bereicherungsanspruch oder einen Ablassungsanspruch wegen Verletzung des § 13 Abs. 2 LUG., behauptet habe, und daß er, der jetzige Kläger, deshalb ein berechtigtes Interesse daran habe, alsbald zu wissen, daß er nicht gegen § 13 Abs. 2 LUG. verstoßen habe. Diese beiden Punkte muß der nunmehrige Kläger aber zum mindesten beweisen. Gelingt ihm dieser Beweis, so trifft den nunmehrigen Beklagten der Gegenbeweis, daß ein solches vom Kläger behauptetes Recht an der Melodie etwa gar nicht zur Entstehung gelangt sei [27]).

c) Mit der Inzidentfeststellungsklage und Widerklage gemäß § 280 ZPO. schließlich kann bis zum

---

[27]) Über die Frage der Beweislast vergl. im einzelnen Gruchots Beitr. 41, 175 und Gaupp-Stein, Kommentar zur Zivilprozeßordnung, 10. Aufl., zu § 256 Note IV, 5.

Schlusse derjenigen mündlichen Verhandlung, auf welche das Urteil ergeht, der Kläger durch Erweiterung des Klageantrags, der Beklagte durch Erhebung einer Widerklage beantragen, daß ein im Laufe des Prozesses streitig gewordenes Rechtsverhältnis, von dessen Bestehen oder Nichtbestehen die Entscheidung des Rechtsstreites ganz oder zum Teil abhängt, durch richterliche Entscheidung festgestellt werde. Einer Darlegung des Feststellungsinteresses bedarf es also hier nicht; es wird durch die Präjudizialität des betreffenden Rechtsverhältnisses ersetzt[28]). Im übrigen gilt das, was über die Feststellungsklagen sonst gesagt ist, auch hier.

Fünftes Kapitel.

Die einstweilige Verfügung.

Wegen der Schwierigkeit und Umständlichkeit der Beweiserhebung in Prozessen, die das Recht an der Melodie zum Gegenstand haben, wird der Kläger häufig eine einstweilige Regelung des Streitverhältnisses wünschen. Hier bietet ihm die Zivilprozeßordnung ein Mittel in der einstweiligen Verfügung (§§ 935—945 ZPO.). Nach § 940 ZPO. ist eine einstweilige Verfügung zum Zwecke der Regelung eines einstweiligen Zustandes in bezug auf ein streitiges Rechtsverhältnis zulässig, sofern diese Regelung zur Abwendung wesentlicher Nachteile oder aus anderen Gründen nötig erscheint.

Solche Nachteile können dem Melodieberechtigten besonders dann erwachsen, wenn z. B. mit Rücksicht auf die Zugkraft einer unzulässigerweise geschickt benutzten Melodie die Komposition mit der benutzten Melodie schnelle Verbreitung findet, die Originalkomposition jedoch selbst in ihrem Absatz beeinträchtigt wird und dadurch dem Melodieberechtigten leicht erkenntliche, fühlbare wirtschaftliche Nachteile entstehen. Zum Erlaß der einstweiligen Verfügung ist ein schuldhaftes Verhalten des Verpflichteten nicht erforderlich; er kann in gutem Glauben gehandelt haben. Wohl

---

[28]) Vergl. Oertmann in BuschsZ. 22, 11.

aber muß natürlich objektiv eine Rechtsverletzung vorliegen, die von dem Melodieberechtigten glaubhaft zu machen ist (§ 920, Abs. 2 ZPO.). Die einstweilige Verfügung wird sodann nur auf Antrag erlassen. Auf die Anordnung einstweiliger Verfügungen und das weitere Verfahren finden nach § 936 ZPO. die Vorschriften über die Anordnung von Arresten und über das Arrestverfahren Anwendung, soweit nicht die §§ 937—945 ZPO. abweichende Vorschriften enthalten, vergl. also §§ 916 Abs. 2, 920, 921 Abs. 2, 922, 924—929, 931—933, 934 Abs. 2—4 ZPO. Die einstweilige Verfügung, die dann das Gericht der Hauptsache erläßt, wird in der Regel das Verbot enthalten, sich weiterhin einer unzulässigen Benutzung der Melodie zu enthalten, bzw. das unter Benutzung einer geschützten Melodie geschaffene Tonwerk weiterhin zu vervielfältigen, zu verbreiten oder öffentlich aufzuführen.

Die Zwangsvollstreckung aus einer einstweiligen Verfügung der vorliegenden Art regeln die §§ 890, 891 ZPO. Ihre Aufhebung erfolgt nach den §§ 939, 927 oder 929 Abs. 2 ZPO. Zu beachten ist hierbei die materielle Vorschrift des § 945 ZPO. Erweist sich nämlich die Anordnung einer einstweiligen Verfügung als von Anfang an ungerechtfertigt oder wird die angeordnete Maßregel auf Grund des § 926 Abs. 2 ZPO. oder des § 942 Abs. 3 ZPO. aufgehoben, so ist die Partei, welche die Anordnung erwirkt hat, selbst bei gutem Glauben verpflichtet, dem Gegner den Schaden zu ersetzen, der ihm aus der Vollziehung der angeordneten Maßregeln oder dadurch entstanden ist, daß er Sicherheit geleistet hat, um die Vollziehung abzuwenden oder die Aufhebung der Maßregeln zu erwirken.

Anhang zu Kapitel 1—5: Die Zuständigkeit der Gerichte.

Die sachliche Zuständigkeit für alle Rechtsstreitigkeiten der in Kapitel 1—5 erwähnten Art regeln die §§ 20 Ziff. 1 und 70 GVG. Es ist hier je nach der Höhe des Streitwertes das Amtsgericht oder das Landgericht zuständig.

Die örtliche Zuständigkeit regeln die §§ 12, 13, 21, 23, 32 ZPO. Es wird demnach vor allem der allgemeine Gerichtsstand des Beklagten und der der gewerblichen Niederlassung des Beklagten in Frage kommen. Wie schon in Kapitel 1 ausgeführt ist, ist bei dem Unterlassungsanspruch der Gerichtsstand der unerlaubten Handlung, § 32 ZPO., nicht gegeben. Als letzte Instanz kommt stets das Reichsgericht in Betracht (§ 59 LUG.).

Zweiter Abschnitt.

Der strafrechtliche Schutz[1].

Erstes Kapitel.

Die vorsätzliche unbefugte Vervielfältigung, gewerbsmäfsige Verbreitung und öffentliche Aufführung.

Im Gegensatz zum Urheberrechtsgesetz vom 11. Juni 1870 und im Gegensatz zu dem im § 37 LUG. behandelten Schadensersatzanspruch bestraft das Urheberrechtsgesetz vom 19. Juni 1901 in § 38 nur vorsätzliches, d. h. bewußt rechtswidriges Handeln. Es genügt aber auch nach herrschender Ansicht der eventuelle Vorsatz, d. h. das Handeln trotz Voraussehbarkeit des Erfolges[2]. Die fahrlässigen Verletzungen hat es aus dem Kreis der strafbaren Handlungen ausgeschieden. Neben den Bestimmungen des Urheberrechtsgesetzes finden ohne weiteres die Vorschriften des Allgemeinen Teiles des Reichsstrafgesetzbuches über Versuch (§ 43 StGB.), Mittäterschaft (§ 47 StGB.), Anstiftung (§ 48 StGB.), Beihilfe (§ 49 StGB.) und über die Strafausschließungs- und Strafmilderungsgründe (§§ 73 ff. StGB.) Anwendung. Der Versuch jedoch, als nicht besonders im Urheberrechtsgesetz geregelt, bleibt nach § 43 Abs. 2 StGB. straflos; dagegen ist gemäß § 44 StGB. die vorsätzliche Beihilfe nach den Grundsätzen des Versuchs zu bestrafen, obwohl der Versuch als solcher straflos ist.

Eine nicht unwichtige Rolle wird bei Verletzungen des Rechtes an der Melodie der den Einfluß des Irrtums auf die Strafbarkeit behandelnde § 59 Abs. 1 StGB. spielen. Er besagt: »Wenn jemand bei Begehung einer strafbaren Handlung das Vorhandensein von Tatumständen nicht kannte, welche zum gesetzlichen Tatbestand gehören oder die Strafbarkeit erhöhen, so sind ihm diese Umstände zuzurechnen.« Danach macht

---

[1]) Literatur: F. von Calker, Die Delikte gegen das Urheberrecht, nach deutschem Reichsrecht dargestellt.

[2]) RGSt. 6, 278.

zwar die Nichtkenntnis von Rechtsbegriffen und von Sätzen der objektiven Strafordnung nicht straflos, wohl aber die Nichtkenntnis von Zivilrechtssätzen und -rechtsverhältnissen und zivilrechtlichen Beziehungen. Somit liegt ein die Strafbarkeit ausschließender Irrtum, — was bei Verletzungen des Rechtes an der Melodie von großer Bedeutung ist —, vor, wenn sich der Täter über das Todesjahr des Komponisten der geschützten Melodie, das für den Lauf der 30jährigen Schutzfrist maßgebend ist, oder über die gesetzliche Schutzfrist selbst geirrt hat. Denn die diesbezüglichen Rechtssätze des Urheberrechtsgesetzes sind rein zivilrechtlicher Natur[3]. Bedeutungslos ist aber allerdings eine Berufung darauf, der Täter habe sich im Irrtum über die gesetzlichen Befugnisse eines Urhebers oder über deren Einschränkungen befunden[4]. Der Täter kann sich also nicht darauf berufen, ihm sei die Bestimmung des § 13 Abs. 2 LUG., die das Recht an der Melodie als eine ausschließliche Befugnis des Melodieberechtigten anerkenne, nicht bekannt gewesen. Liegt aber ein entschuldbarer rechtlicher Irrtum vor und bleibt der Täter dadurch straffrei, so ist immerhin seine rein zivilrechtliche Entschädigungspflicht nicht ausgeschlossen.

Das Vergehen gegen § 38 LUG. ist sodann bereits begangen, wenn die Notenexemplare vor dem Ablauf der Schutzfrist nur hergestellt und erst nach ihrem Ablauf verbreitet werden, aber von vornherein mit der Absicht hergestellt sind, sie erst nach dem Ablauf der Schutzfrist zu verbreiten[5], Das Vergehen ist auch begangen, wenn die Notenexemplare im Inland hergestellt sind und demnächst im Ausland verbreitet werden[6].

Endlich findet das Urheberrechtsgesetz auf alle im In-

---

[3]) So: Allfeld 235, Bem. 5 zu § 38; Kohler, Urheberrecht 377 ff.; Riezler 164 ff.; a. M.: RGSt. 9, 120; 10, 402; 21, 208; 30, 98.

[4]) RGSt. 36, 11.

[5]) So: von Calker, Delikte 197; Dambach, Urheberrecht 135; Dernburg 6, 61; Kohler, Urheberrecht 178; a. M.: Klostermann, Geistiges Eigentum 36 ff.; Wächter, Autorrecht 220; Urheberrecht 222.

[6]) So: Dernburg 6, 61; Voigtländer, Urheberrecht 80; RGSt. 9, 111

lande begangenen Urheberrechtsvergehen Anwendung, ohne Rüchsicht darauf, ob der Täter Inländer oder Ausländer ist.

Nach § 38 LUG. ist nun die Vervielfältigung, gewerbsmäßige Verbreitung oder öffentliche Aufführung eines Werkes der Tonkunst nur dann strafbar, wenn sie vorsätzlich ohne Einwilligung des Berechtigten »in anderen als den gesetzlich zugelassenen Fällen« geschieht. Mit den Worten: »in anderen als den gesetzlich zugelassenen Fällen« sagt § 38 LUG. sachlich nichts anderes wie die §§ 36 und 37 LUG. mit den Worten: »unter Verletzung der ausschließlichen Befugnis des Urhebers«. Zu den ausschließlichen Urheberrechtsbefugnissen gehört aber auch das in § 13 Abs. 2 LUG. anerkannte Recht an der Melodie. Demgemäß wird mit Geldstrafe bis 3000 Mk. (§ 38 LUG. in Verbindung mit § 41 LUG.) oder, falls sie nicht beigetrieben werden kann, mit Freiheitsstrafe bis zu 6 Monaten (§ 38 Abs. 3 LUG. in Verbindung mit § 28 StGB.) bestraft:

> wer ein Werk der Tonkunst unter Verletzung des in § 13 Abs. 2 LUG. anerkannten Rechtes an der Melodie vorsätzlich ohne Einwilligung des Melodieberechtigten, wenn auch nur teilweise, vervielfältigt, gewerbsmäßig verbreitet oder öffentlich aufführt.

Nur vorsätzliches Handeln wird, wie schon gesagt, bestraft; absichtliches Handeln ist nicht erforderlich. Es genügt das Bewußtsein, daß die Benutzung der Melodie und ihre demnächstige Vervielfältigung, gewerbsmäßige Verbreitung oder öffentliche Aufführung in einem fremden Werke der Tonkunst in die Rechtssphäre eines Anderen eingreifen könne. Eine Gewinnabsicht braucht ferner nicht vorhanden zu sein, da nach der Tendenz des Gesetzes der Urheber nicht bloß gegen gewinnsüchtige Ausbeutung, sondern gegen jede widerrechtliche Benutzung seiner geistigen Schöpfung, gleichviel aus welchen Gründen in seine Rechte eingegriffen wird, geschützt werden soll[7]). Die Tatsache des rechtswidrigen Eingriffs in das Recht an der Melodie ist auch nicht davon

[7]) RGSt. 37, 369; JW. 09, 529.

abhängig, daß dem Melodieberechtigten durch die gesetzlich unzulässige Handlung ein Schaden verursacht ist. Die Rechtswidrigkeit entfällt zwar, wenn der Melodieberechtigte mit der Handlung des Täters einverstanden ist und sie genehmigt, der Täter darf aber nicht lediglich deshalb, weil nach seiner Meinung ein Schaden für den Melodieberechtigten nicht entstehen könne, ohne weiteres voraussetzen, daß er mit dessen Einverständnis handle[8].

Als Täter kommt jeder in Betracht, in dessen Person sich die objektiven und subjektiven Tatbestandsmerkmale des § 38 LUG. vereinigen, und zwar kann Täter nur eine physische, nie aber eine juristische Person sein.

Demgemäß ist bei vorsätzlich unbefugter Vervielfältigung in jedweder Form, sei es auf mechanischem Wege oder durch Abschreiben, Täter der, mit dessen Wissen und Willen das gegen § 13 Abs. 2 LUG. verstoßende Werk der Tonkunst hergestellt wird, oder der es, wie der Verleger, hat herstellen lassen. Es kommt also auch der Leiter einer Druckerei als Täter in Betracht, in der die Vervielfältigung erfolgt; dem Drucker selbst wird dagegen in den seltensten Fällen das Bewußtsein der Rechtswidrigkeit nachgewiesen werden können[9]. Als mittelbarer Täter kann derjenige in Betracht kommen, der einen anderen unter der Vorspiegelung, das Vervielfältigungsrecht zu besitzen, veranlaßt, ein gegen § 13 Abs. 2 LUG. verstoßendes Werk der Tonkunst zu vervielfältigen[10]. Die unbefugte Vervielfältigung ist vollendet, sobald auch nur ein verbreitungsfähiges fertiges Notenexemplar oder ein Teil davon hergestellt ist. Es braucht weder veröffentlicht noch eine Einnahme aus der Veröffentlichung erzielt zu sein, noch auch überhaupt die Absicht zu bestehen, eine Einnahmequelle aus der Vervielfältigung zu erzielen.

Bei der vorsätzlich unbefugten gewerbsmäßigen Verbreitung, sei es durch Kauf, Tausch, Schenkung

[8]) Recht 07, 1480 Nr. 3751; Lindemann, Anm. 3 zu § 38.
[9]) A. M.: Allfeld, Bem. 4 zu § 38 LUG.
[10]) RGSt. 37, 370; 41, 401.

oder sonstigen Veräußerungsakt, ist Täter der, der wissentlich und willentlich das gegen § 13 Abs. 2 LUG. verstoßende Werk der Tonkunst gewerbsmäßig verbreitet oder verbreiten läßt, also der Verleger oder der Musikalienhändler. Sie ist vollendet, wenn auch nur ein Notenexemplar aus dem Kreise der zur Herstellung bestimmten Personen dem bestimmungsgemäßen Verkehr übergeben ist; sie ist auch vollendet, wenn im Auslande hergestellte und vervielfältigte Notenexemplare, — was ja an sich in Deutschland nicht strafbar ist —, in Deutschland verbreitet werden[11]). Eine selbständige strafbare Handlung repräsentiert jeder Einzelverkauf eines Notenexemplares nicht, wohl aber sind so viele selbständige Handlungen anzunehmen, als durch die unzulässige gewerbsmäßige Verbreitung verschiedener Werke der Tonkunst ebensoviel verschiedene verletzte Melodieberechtigte vorhanden sind; denn nicht der Verkauf im Gewerbebetrieb an sich bildet die strafbare Handlung, sondern die Verletzung des Individualrechts des jeweiligen Melodieberechtigten[12]). Durch § 7 Abs. 2 StPO. wird schließlich der Gerichtsstand der begangenen Tat bei demjenigen Gericht, in dessen Bezirk die unbefugte gewerbsmäßige Verbreitung erfolgt, nicht ausgeschlossen. Nicht durch den Inhalt wird nämlich der Tatbestand der strafbaren Handlung nach § 38 LUG. begründet, sondern dadurch, daß das Werk der Tonkunst unter Verletzung des Rechtes an der Melodie vervielfältigt und demnächst gewerbsmäßig verbreitet wird[13]).

Bei der vorsätzlich unbefugten öffentlichen Aufführung schließlich ist Täter der, der das Werk der Tonkunst zu einer seiner Bestimmung entsprechenden, sinnlich wahrnehmbaren Darstellung bringt. Das ist insbesondere der, der die zur Darstellung zu bringenden Werke der Tonkunst auswählt, dessen Wille also in dieser Hinsicht maßgebend ist, nicht etwa der mitwirkende Künstler, Sänger

---

[11]) So: Mitteis im Recht 1906, 533; Kohler, Kunstwerk 59; Dernburg, Bürgerliches Recht 6, 61.

[12]) Lindemann, Anm. 5 zu § 38, S. 100; RGSt. 4, 36.

[13]) DJZ. 03, 550.

oder Musiker [14]). Es wird sich hier allerdings nur in den seltensten Fällen bewußt rechtswidriges Handeln nachweisen lassen. Das wird nur dann anders sein, wenn ausübende Künstler: Sänger, Klavierspieler, Geiger usw. ihre Programme selbst bestimmen, oder wenn sie ihre Werke selbst zum öffentlichen Vortrag bringen. Öffentlich ist eine Aufführung hierbei nur dann, wenn die Teilnahme an ihr nicht auf einen nach innen zusammengeschlossenen, nach außen abgegrenzten Personenkreis beschränkt ist, sondern unbestimmt welchen und wie vielen Personen freisteht [15]). Sie ist vollendet, wenn sie begonnen hat und auch nur ein Teil des gegen § 13 Abs. 2 LUG. verstoßenden Werkes der Tonkunst aufgeführt ist.

Die Verfolgung des Vergehens gegen § 38 LUG. tritt nur auf Antrag ein. Die Zurücknahme des Antrages ist zulässig. Zum Strafantrag ist innerhalb 3 Monaten jeder Melodieberechtigte befugt, dem das Recht an der Melodie zur Zeit der Tat zusteht. Auf den Erben geht jedoch das Antragsrecht nicht über [16]), wohl aber ist der Verleger während der Dauer des Vertragsverhältnisses ohne den Komponisten antragsberechtigt. Neben dem Verleger ist aber auch der Komponist der Melodie ohne den Verleger antragsberechtigt, selbst wenn er in dem Verlagsvertrag das Recht an der Melodie im vollen Umfange übertragen hat. Denn durch den Abschluß des Verlagsvertrages geht nie das Urheberrecht als solches über; eine unbefugte Melodiebenutzung verletzt aber zum wenigsten die höchst persönlichen Interessen des Komponisten an seinem Geisteswerk, und diese werden in gleicher Weise geschützt wie die reinen Vermögensinteressen, (§§ 9, 14 LUG.) [17]). Auch der namenlose Komponist, der nachträglich hervortritt, kann den

---

[14]) Über die Streitfrage, wer als Täter bei einer öffentlichen Aufführung in Betracht kommt, vergl. im einzelnen: RGSt. 41, 287; RGZ. 38, 23; GoltdArch. 56, 70; JW. 08, 605; 09, 530.

[15]) GoltdArch. 56, 70; Daude, Kommentar zu § 38 LUG.

[16]) A. M.: Allfeld 265 u. a.

[17]) So: Begründung 41; RGSt. 14, 217; Dambach, Urheberrecht 77; Kohler, Autorrecht 303; Urheberrecht 375 ff.u. a.

Antrag stellen [18]. Handelt es sich schließlich um gegenseitige Rechtsverletzungen gegen § 38 LUG. zwischen Komponist und Verleger, so ist es Sache des Verletzten vorzugehen [19]. Im übrigen vergl. StGB. §§ 61—65.

Die Strafverfolgung wegen einer nach § 38 LUG. widerrechtlichen Vervielfältigung, gewerbsmäßigen Verbreitung oder öffentlichen Aufführung verjährt in 3 Jahren. Die Verjährung beginnt bei der widerrechtlichen Vervielfältigung mit dem Tage, an dem die Verbreitung der Notenexemplare zuerst, bei der widerrechtlichen Verbreitung oder öffentlichen Aufführung dagegen mit dem Tage, an dem die widerrechtliche Handlung zuletzt stattgefunden hat (§§ 50, 51 LUG. und §§ 66—72 StGB.).

Zweites Kapitel.

Der Anspruch auf Bufse.

Über die Zuerkennung einer Buße bestimmt § 40 LUG.:

»Auf Verlangen des Berechtigten kann neben der Strafe auf eine an ihn zu erlegende Buße bis zum Betrage von 6000 Mk. erkannt werden. Die zu dieser Buße Verurteilten haften als Gesamtschuldner.

Eine erkannte Buße schließt die Geltendmachung eines weiteren Anspruchs auf Schadensersatz aus.«

Die Buße ist zivilrechtliche Entschädigung für erlittenen materiellen und idellen Schaden [20]. Da jedoch auf eine Buße nur im Strafverfahren auf Verlangen des Melodieberechtigten erkannt werden kann, so soll sie hier ihre Behandlung finden, obwohl sie an sich systematisch zu den zivilrechtlichen Rechtsbehelfen gehört.

Ihre Voraussetzung ist das Vorliegen eines materiellen oder immateriellen Schadens, die Verurteilung zu einer Strafe wegen vorsätzlicher Verletzung des § 38 LUG. und ein Antrag

---

[18]) RGSt. 38, 6.

[19]) RGSt. 16, 352.

[20]) So: Allfeld 250; Dernburg 6, 215; Riezler 132; RGSt. 15, 352 u. 439.

des Melodieberechtigten auf Zuerkennung einer bestimmten Buße. Sind diese gesetzlichen Bedingungen erfüllt, so **muß** auf Buße erkannt werden, wenn es auch im Gesetzestexte »kann« heißt[21]). Ihre Existenz und Höhe wird dann der Richter unter Berücksichtigung der §§ 286 und 287 ZPO. feststellen. Von der genauen und zuverlässigen Ermittlung des Schadens ist ihre Zuerkennung nicht abhängig[22]). Wer die Zuerkennung einer Buße in einem auf erhobene öffentliche Klage anhängigen Verfahren begehrt, muß sich zu diesem Zwecke der Klage als Nebenkläger anschließen (§ 443 Abs. 2 StPO.). Das weitere Verfahren regeln die §§ 444—446, 495 StPO. Wird der Antrag auf Buße zurückgenommen, das Verfahren eingestellt oder der Angeklagte freigesprochen, so kann immer noch eine zivilrechtliche Klage auf Entschädigung erhoben werden, denn das Urteil des Strafrichters bindet ja den Zivilrichter nach § 14 Abs. 2 Ziff. 1 EGZPO. nicht. Der Anspruch auf Schadensersatz ist aber ausgeschlossen, auch wenn nur ein Teil der geforderten Buße zuerkannt ist. Andererseits aber schließt die Zuerkennung einer zivilrechtlichen Entschädigung nicht das Verlangen nach Buße aus, da die Buße als zum Teil ideelle Entschädigung weiter als die rein materielle, zivilrechtliche Entschädigung gehen kann[23]).

Drittes Kapitel.

Die Vernichtung und Übernahme von Notenexemplaren und Vorrichtungen.

Das Urheberrechtsgesetz hat die Vernichtung bzw. Unbrauchbarmachung und die Übernahme von Notenexemplaren und Vorrichtungen selbständig geregelt. Die Anwendung der §§ 40, 42 StGB. ist daher ausgeschlossen, durch die die Materie der Vernichtung bzw. Einziehung im Wege des Strafverfahrens besonders und zum Teil anders geregelt ist.

---

21) So: Lindemann, Anm. 2 zu § 40; Riezler 134; DJZ. 96, 366; a. M.: Daude, Kommentar 95.

22) RGSt. 6, 398; 17, 191 ff.

23) So: Allfeld 250; Riezler 136; a. M.: Dernburg 6, 216.

Warum das Urheberrechtsgesetz hier selbständig vorgegangen ist, ist nicht ersichtlich, wie denn überhaupt die Regelung der Einziehung und Vernichtung im Urheberrecht einheitliche Gesichtspunkte und konsequente Durchführung vermissen läßt. Der Vernichtungs- und Unbrauchbarmachungsanspruch und der Übernahmeanspruch können sowohl neben den zivilrechtlichen Rechtsbehelfen wie auch im Strafverfahren geltend gemacht werden. Der Anspruch hat sich gegen die Parteien selbst zu richten, nicht gegen den Sortimenter, Verbreiter usw. und ist vom guten Glauben des anderen Teiles unabhängig[24]). Im einzelnen gilt folgendes:

a) Die Vernichtung und Unbrauchbarmachung.

Nach § 42 LUG. unterliegen die unter Verletzung des Rechtes an der Melodie widerrechtlich hergestellten oder verbreiteten Notenexemplare oder die zur widerrechtlichen Vervielfältigung ausschließlich bestimmten Vorrichtungen, wie Formen, Platten und Steine, der Vernichtung. Die Verletzung muß sich zur Zeit des Urteils als widerrechtlich darstellen; daß später zur Zeit der Vernichtung, etwa durch Zeitablauf, die Widerrechtlichkeit hinfällig geworden ist, ändert daran nichts[25]). Die Vernichtung ist nicht Strafe, sondern ein selbständiges Sicherungsmittel zugunsten des Melodieberechtigten; sie ist eine »besonders gestaltete Betätigungsform des abwehrenden (negatorischen) Anspruchs«[26]). Im Wege des bürgerlichen Rechtsstreites kann die Vernichtung durch selbständige Klage oder in Verbindung mit der Schadensersatz- Unterlassungs-Fesstellungs- oder Bereicherungsklage erfolgen. Im Strafverfahren erfolgt die Vernichtung auf besonderen Antrag des Melodieberechtigten; der Antrag ist bis zur erfolgten Vernichtung, also bis zur Rechtskraft des Urteils zurücknehmbar und solange noch zulässig, als widerrechtlich hergestellte oder verbreitete Notenexemplare oder zur wider-

[24]) Recht 08, 318, Nr. 1457.

[25]) So: Allfeld 256; Dambach, Urheberrecht 202; a. M.: Endemann 687; Klostermann, Urheberrecht 270; Wächter, Autorrecht 288 u. a.

[26]) Riezler 191; vergl. auch: Dernburg 6, 218; Kohler, Urheberrecht 356 ff.

rechtlichen Vervielfältigung ausschließlich bestimmte Vorrichtungen vorhanden sind. Schließlich kann die Vernichtung im Wege des objektiven Strafverfahrens verfolgt werden, wenn die Verurteilung einer bestimmten Person nicht möglich ist (§§ 46, 47, 52 LUG. und 477—479 StPO.).

Die Vernichtung setzt ein Verschulden nicht voraus, denn wie § 42 Abs. 2 LUG. sagt, ist auf die Vernichtung auch dann zu erkennen, wenn die Herstellung, die Verbreitung oder Aufführung weder vorsätzlich noch fahrlässig erfolgt. Der Vernichtung unterliegen alle die Notenxemplare und Vorrichtungen, die sich im zivilrechtlichen Eigentum des an der Herstellung, Verbreitung oder Aufführung Beteiligten sowie der Erben dieser Personen befinden. In Frage kommen also insbesondere der Inhaber der Druckerei und der Verleger. Der bloße Besitz rechtfertigt jedoch den Anspruch auf Vernichtung gegen den Besitzer nicht. Die Vernichtung kann erst erfolgen, nachdem dem Eigentümer gegenüber darauf rechtskräftig erkannt ist. Ist nur ein Teil der Notenexemplare, — und selbstverständlich auch der Vorrichtungen, was das Gesetz in § 42 Abs. 1 S. 2 nicht besonders erwähnt —, widerrechtlich hergestellt oder verbreitet, so ist auf Vernichtung nur dieses Teiles und der entsprechenden Vorrichtungen zu erkennen, und zwar selbst dann, »wenn infolge Aussonderung des betreffenden Teiles der organische Zusammenhang des Werkes zerrissen wird und dieses sich nun als ein wesentlich anderes darstellt« [27]). Die Vernichtung hat stets in der jeweils zweckmäßigsten Form zu erfolgen, und der Anspruch auf Vernichtung findet seine Grenze in der notwendig gewordenen Abwehrmaßregel. Nur wenn sich bei unzulässiger Benutzung einer Melodie aus mechanischen Gründen der Teil, der diese Melodie enthält, von den übrigen Teilen der Komposition nicht trennen läßt, so muß die Vernichtung der ganzen Komposition erfolgen [28]). Demgemäß bestimmt auch § 42 Abs. 4 LUG. für den Voll-

---

[27]) Daude, Kommentar 99 zu § 42.
[28]) RGSt. 11, 198.

zug der Vernichtung, daß sie von der mit der Vollstreckung betrauten Behörde in der milderen Form der Unbrauchbarmachung vorgenommen werden soll, falls der Eigentümer sich zur Übernahme der dadurch entstehenden Kosten verpflichtet. Übernimmt der Eigentümer vor der Urteilsfällung die Kosten, so hat das Urteil auf die mildere Form der Unbrauchbarmachung zu erkennen, übernimmt er die Kosten nach der Urteilsfällung, so ist es Sache der Vollzugsbehörde, statt der Vernichtung die mildere Unbrauchbarmachung zu bewirken [29]).

Wird die Vernichtung oder Unbrauchbarmachung im Wege des bürgerlichen Rechtsstreites verfolgt, so kann zur Sicherung des Beweises einer Verletzung und ihres Umfanges und zur Sicherung der künftigen Vernichtung oder Unbrauchbarmachung eine einstweilige Verfügung gemäß §§ 935 ff. ZPO. erwirkt werden; wird sie im Strafverfahren verfolgt, so kann unter denselben Voraussetzungen gemäß §§ 94 ff. StPO. eine Beschlagnahme erfolgen [30]).

b) Das Übernahmerecht.

Nach § 43 LUG. kann der Melodieberechtigte statt der Vernichtung verlangen, daß ihm das Recht zuerkannt werde, die Notenexemplare und Vorrichtungen ganz oder teilweise gegen eine angemessene, höchstens dem Betrage der Herstellungskosten gleichkommende Vergütung zu übernehmen. Dieser Anspruch des Melodieberechtigten, der einen dahingehenden Antrag erfordert, läßt sich als ein solcher auf Herausgabe ungerechtfertigter Bereicherung charakterisieren [31]). Durch die Zuerkennung des Übernahmerechtes erlangt der Melodieberechtigte an den widerrechtlich hergestellten Notenexemplaren und Vorrichtungen nicht ohne weiteres Eigentum, sondern einen obligatorischen Anspruch auf Übertragung des Eigentums gegen Zug um Zug zu erfüllende Hingabe der vom Gericht festgesetzten Vergütung.

---

29) So: Riezler 192 unter e; a. M.: Allfeld, Bem. 11 zu § 42 LUG.
30) Vergl. im einzelnen Kohler, Urheberrecht 375 ff.
31) So: Riezler 196.

Der Melodieberechtigte erwirbt auch nicht ohne weiteres das Urheberrecht an der unzulässigen Bearbeitung. Dieses bleibt, da es sich um eine zwar unrechtmäßige, aber als individuelle Leistung selbständig geschützte Bearbeitung der Melodie handelt, bei dem Bearbeiter. Zur Übertragung der urheberrechtlichen Befugnisse bedarf es außerdem eines besonderen Vertrages zwischen dem Melodieberechtigten und dem unrechtmäßigen Bearbeiter der Melodie[32]).

Das Verfahren bei der Übernahme richtet sich nach den §§ 46 und 47 LUG.; das Übernahmerecht kann danach im Wege des bürgerlichen Rechtsstreites und im Strafverfahren verfolgt werden (§§ 48, 52, 49 Abs. 2 LUG.).

Es ist einleitend zu diesem Kapitel gesagt worden, daß die Behandlung der Vernichtung und Übernahme einheitliche Gesichtspunkte vermissen lasse; es muß aber auch weiter gesagt werden, daß die Geltendmachung dieser Ansprüche zu einer großen Ungerechtigkeit werden kann. Handelt es sich zum Beispiel um ein umfangreiches Werk der Tonkunst, in dem ein Verstoß gegen § 13 Abs. 2 LUG. vorkommt, ohne daß Vorsatz und Fahrlässigkeit vorliegt, so können dennoch die Ansprüche auf Vernichtung bzw. Unbrauchbarmachung und Übernahme in vollem Umfange geltend gemacht werden und diese Ansprüche können sich auf das ganze Werk erstrecken. Hier muß ein Ausgleich im Interesse der Billigkeit geschaffen werden. Kohler meint, man solle wegen kleiner Rechtswidrigkeiten eine Ausgleichung durch Geldabfindung stattfinden lassen, ähnlich wie es durch den Loskauf beim Überbaurecht, § 912 BGB., geschehe. Man wird aber wohl häufig mit dem Schikaneparagraphen 226 BGB. durchdringen können, wonach die Ausübung eines Rechtes unzulässig ist, wenn sie nur den Zweck haben kann, einem Anderen Schaden zuzufügen.

---

[32]) So: Allfeld 262 zu § 43; Kohler, Autorrecht 302; Riezler 197 unter 6.

Anhang zu Teil 1 und 2.

Die musikalischen Sachverständigenkammern.

Der § 49 LUG. bestimmt, daß für sämtliche Bundesstaaten Sachverständigenkammern bestehen sollen, die verpflichtet sind, auf Erfordern der Gerichte und der Staatsanwaltschaften Gutachten über die an sie gerichteten Fragen abzugeben. Diese Sachverständigenkammern sind für die Beantwortung der Frage, wann eine Verletzung des in § 13 Abs. 2 LUG. anerkannten Rechtes an der Melodie vorliegt, von großer Bedeutung. Ihre Mitglieder bestehen in Angelegenheiten des musikalischen Urheberrechts außer dem Vorsitzenden sämtlich aus musikalischen Sachverständigen. Sie haben aber nur über die an sie gerichteten rein tatsächlichen Fragen ihr Gutachten abzugeben; auf die rechtliche Seite der Streitfrage haben sie nicht einzugehen, wenn sich dies auch häufig nicht vermeiden läßt. Die Gerichte sind jedoch nicht verpflichtet, von dem erstatteten Gutachten Gebrauch zu machen, wie es z. B. im Falle Noren tatsächlich auch nicht geschehen ist, da das Urteil des Berufungsgerichts von der Auffassung der Sachverständigenkammer Leipzig über den Melodiebegriff wesentlich abweicht[33]). Die Gerichte sind auch nicht verpflichtet, überhaupt ein Gutachten einzuholen[34]). Daraus ergibt sich denn, daß die Sachverständigenkammern ebensowenig behördlichen Charakter haben wie die bereits in dem preußischen Urheberrechtsgesetz von 1837 geschaffenen Sachverständigenvereine, und daß die Sachverständigen nicht Beamte sind[35]).

Die Sachverständigenkammern sind schließlich befugt, auf Anrufen der Beteiligten — nicht bloß seitens eines Beteiligten — über Schadensersatzansprüche, über die Ver-

---

[33]) Vergl. GewRschutz 1709, 332 ff. und 1908, 247 ff.

[34]) RGSt. 5, 84.

[35]) So: Kohler, Urheberrecht 389; a. M.: Allfeld 265; Crome 4, 68; Dambach, Gutachten XXII; Lindemann, Bem. 1 zu § 49 LUG.

nichtung und Übernahme von Notenexemplaren oder Vorrichtungen zu verhandeln und zu entscheiden. Zur Verhängung von Strafen und zur Entscheidung über den Bußanspruch sind die Sachverständigenkammern allerdings nicht befugt.

Über die Einrichtung von Sachverständigenkammern in Preußen vergl. schließlich die Bekanntmachung des Ministers der geistlichen usw. Angelegenheiten in JMBl. 02, 3.

Dritter Teil.

(Das Recht an der Melodie im internationalen Urheberrecht).

Erstes Kapitel.

Die internationale Rechtsverfolgung bei Verletzungen des Rechtes an der Melodie im allgemeinen[1].

Das literarische Urheberrechtsgesetz hat über seine räumliche Geltung keine nähere Bestimmung getroffen. Es sagt nur in § 54, daß die Reichsangehörigen für alle ihre Werke den Schutz des Urheberrechts genießen, gleichviel ob diese erschienen sind oder nicht, und es gewährt damit den Schutz ohne Unterschied, ob das Werk im Inlande oder im Auslande erschienen ist. In § 55 bestimmt es dagegen, daß Ausländer den Schutz für jedes ihrer Werke, das im Inlande erscheint, genießen, sofern sie nicht das Werk an einem früheren Tage im Auslande haben erscheinen lassen, d. h. in Verkehr gesetzt und nicht bloß öffentlich aufgeführt haben Nur die Begründung des Gesetzes führt S. 38 aus: »Der Schutz der deutschen Urheberrechte im Auslande kann, soweit er nicht schon von dem Ausländischen Gesetze selbst gewährt wird, nur auf dem Wege des Staatsvertrages erreicht werden.«

In Ansehung der strafrechtlichen Verfolgung von Urheberrechtsverletzungen finden somit zunächst die allgemeinen Grundsätze der §§ 3 und 4 StGB. Anwendung. Demnach ist eine Rechtsverfolgung wegen Verletzung des in § 13 Abs. 2 LUG. anerkannten Rechtes an der Melodie in Deutschland nur zulässig, wenn die Handlung — sei es von einem Deutschen oder Ausländer — in Deutschland begangen ist. Ist dagegen die Verletzung dieses Rechtes an der Melodie von einem Deutschen im Auslande be-

[1]) Literatur: Bockius, Die strafrechtliche Bedeutung der internationalen Verträge über das Urheberrecht an Werken der Literatur und Kunst in GewRschutz 1910, 147 ff., 174 ff., 120 ff.; Daude, Die Reichsgesetze über das Urheberrecht an Werken der Literatur und der Tonkunst und das Verlagsrecht; Dungs, Die Berner Übereinkunft über internationales Urheberrecht; Röthlisberger, Die Gesetze über das Urheberrecht in allen Ländern; ders., der interne und internationale Schutz des Urheberrechts; ders., Die Berner Übereinkunft zum Schutze von Werken der Literatur und Kunst; ders., Die Sonderliterarverträge des Deutschen Reiches.

gangen, so findet eine strafrechtliche Verfolgung im Inlande nur statt, wenn die verletzende Handlung in einem Lande begangen, in dem das Recht an der Melodie strafrechtlich auch geschützt ist. Verletzungen des Rechtes an der Melodie durch einen Deutschen dagegen in Ländern, in denen das Recht an der Melodie nicht anerkannt ist, behandelt das deutsche Urheberrechtsgesetz nicht als rechtswidrig. Der Ausländer kann ferner wegen der von ihm im Auslande begangenen Verletzungen des Rechtes an der Melodie nach inländischem Recht nicht strafrechtlich verfolgt werden (vergl. auch § 4 Ziff. 3 Abs. 2 StGB.). Eine strafrechtliche Verfolgung im Auslande kann in diesem Falle durch einen deutschen Melodieberechtigten nur erfolgen, wenn der Deutsche gegen eine derartige Verletzung im ausländischen Recht ausdrücklichen Rechtsschutz genießt.

In Ansehung der zivilrechtlichen Verfolgung sind keine allgemeinen Bestimmungen vorhanden. Das ausländische Recht kann im Inlande keine Anwendung finden, da das Deutsche Reich den Urheber nur nach seinen Gesetzen schützt, nicht nach denen des Auslandes. Das inländische Recht dagegen findet nur insoweit Anwendung, als es sich auf die im Auslande begangenen zivilrechtlichen Rechtsverletzungen erstreckt; es wird hierbei zu beachten sein, ob sich die Verletzung in ihrer Wirkung auf das Ausland beschränkt oder ob diese Wirkung auch die ungestörte Rechtsausübung im Inlande berührt. Wird also im Auslande eine Melodie in der gegen § 13 Abs. 2 LUG. verstoßenden Weise zu einer Komposition benutzt und diese Komposition im Auslande gewerbsmäßig vervielfältigt und verbreitet, so besteht meist die Gefahr, daß sie besonders bei Deutschland benachbarten und mit ihm in regem musikalischen Austauschverkehr stehenden Ländern auch in das Inland gelangt. Die im Ausland begangene Verletzung des Rechtes an der Melodie erstreckt somit ihre Wirkung auf das inländische Urheberrecht. Es muß natürlich aber eine drohende Gefahr der Verbreitung im Inlande bestehen. Dies rechtfertigt unter Umständen die Klage auf Unterlassung künftiger Störung nach § 1004 BGB. unter der Voraussetzung, daß ein inländischer Gerichtsstand etwa nach §§ 13 oder 23 ZPO. gegeben ist[2]).

Eine Rechtsverfolgung im Ausland wegen im Ausland begangener Verletzungen des Rechtes an der Melodie kann schließlich immer nur insoweit von Erfolg sein, als das ausländische Recht das Recht an der Melodie anerkennt und nicht nur das sogenannte Arrangement im Sinne des § 12 Abs. 2 Ziff. 4 LUG. verbietet, und als es außerdem den Ausländern ausdrücklichen Schutz nach inländischem Recht gewährt.

Zweites Kapitel.

Das Recht an der Melodie in der Revidierten Berner Übereinkunft und in den Sonderliterarverträgen Deutschlands.

Die allgemeinen Grundsätze des Kap. 1 kommen nun aber auf dem Gebiete des Urheberrechts nur in geringem Maße zur Anwendung. Sie sind ergänzt und ersetzt worden durch die Berner Übereinkunft und durch Staatsverträge zwischen Deutschland und einer Reihe von Staaten. Auf Grund dieser internationalen Vereinbarungen haben sich fast alle zivilisierten Staaten gegenseitig den Schutz ihrer urheberrechtlichen Erzeugnisse zugesichert. Als unzivilisiert in diesem Sinn haben in Europa nur noch zu gelten: die Niederlande, Portugal, Rußland und die Balkanländer.

Die Berner Übereinkunft ist am 9. September 1886 zwischen den meisten europäischen und verschiedenen außereuropäischen Staaten geschlossen worden, nachdem der Schweizerische Bund zuvor am 3. Dezember 1884 ein Rundschreiben an die Mächte hatte ergehen lassen, in dem der Wunsch ausgesprochen war, »daß der Autor eines Werkes der Literatur und Kunst, welcher Nation er auch angehören

[2]) Dungs, Lehrbuch 59; insbesondere Allfeld 219 ff.; vergl. auch RGZ. 18, 29.

möge und wo immer er es vervielfältigen lasse, überall gleich dem Landesbürger zu schützen sei.« Sie hat selbstverständlich auch die Werke der Tonkunst, der internationalsten der Künste, in den Kreis der zu schützenden Werke einbezogen. Zu der Berner Übereinkunft erging am 4. Mai 1896 ein in Paris getroffenes Zusatzabkommen und eine Deklaration vom gleichen Tage zur Erläuterung gewisser Bestimmungen der Berner Übereinkunft und des Zusatzabkommens. Im Jahre 1908 wurde schließlich die Berner Übereinkunft in Berlin einer Revision unterzogen und in die Übereinkunft auch die Pariser Bestimmungen hineingearbeitet. Sie trägt nunmehr den Titel: »Revidierte Berner Übereinkunft zum Schutze von Werken der Literatur und Kunst. Vom 13. November 1908.« Ihre Ratifikation ist am 9. Juni 1910 erfolgt; sie ist deshalb gemäß Art. 28 und 29 RevBÜ. am 9. September 1910 in Kraft getreten.

Der Revidierten Berner Übereinkunft gehören folgende Staaten an: Belgien, Dänemark, Deutschland, Frankreich, Großbritannien, Italien, Japan, Liberia, Luxemburg, Monaco, Norwegen, Schweden, die Schweiz, Spanien, Tunis.

Ferner hat Deutschland auf Grund des Vorbehaltes in Art. 15 der alten Berner Übereinkunft vom 9. September 1886 mit den Verbandsländern Frankreich, Belgien und Italien und mit den nicht zu dem Verbande gehörigen Ländern Österreich und Amerika Sonderliterarverträge geschlossen.

Demgemäß gilt im internationalen Urheberrechtsverkehr, also auch insoweit als das Recht an der Melodie in Frage kommt, seit dem 1. Oktober 1910 — an welchem Tage nach Art. 28 und 29 RevBÜ. spätestens in den Verbandsländern die Revidierte Berner Übereinkunft ratifiziert worden ist — folgendes:

1. Zwischen den Verbandsstaaten:
   Die Revidierte Berner Übereinkunft zum Schutze von Werken der Literatur und Kunst. Vom 13. November 1908; außerdem zwischen Deutschland einerseits und Frankreich, Belgien und Italien anderseits:
   a) Übereinkommen zwischen Deutschland und Frankreich

betreffend den Schutz an Werken der Literatur und Kunst und an Photographien vom 8. April 1907;

b) Übereinkommen zwischen Deutschland und Belgien, betreffend den Schutz an Werken der Literatur und Kunst und an Photographien vom 16. Oktober 1907;

c) Übereinkunft zwischen Deutschland und Italien, betreffend den Schutz an Werken der Literatur und Kunst und an Photographien vom 9. November 1907.

2. Zwischen Deutschland einerseits und den Nichtverbandsländern Österreich-Ungarn und Amerika andererseits:

a) Übereinkommen, betreffend den Schutz der Urheberrechte an Werken der Literatur, Kunst und Photographie, zwischen dem Deutschen Reich und Österreich-Ungarn vom 30. Dezember 1899;

b) Übereinkommen zwischen dem Deutschen Reich und den Vereinigten Staaten von Amerika über den gegenseitigen Schutz der Urheberrechte vom 15. Januar 1892.

3. Keinerlei internationale Vereinbarungen auf dem Gebiete des Urheberrechts an Werken der Literatur und Kunst bestehen zwischen Deutschland einerseits und zwischen Rußland, den Niederlanden, Portugal und den Balkanländern anderseits.

Die internationalen Verträge gelten nun nur, falls und soweit deren Befolgung durch das deutsche Urheberrecht selbst vorgeschrieben ist. Ein internationales Recht, das über der Reichsgesetzgebung steht, gibt es bei dem in der deutschen Gesetzgebung herrschenden Territorialitätsprinzip nicht. Die RevBÜ. kann demgemäß auch nur solche Bestimmungen enthalten, die sich ihrem Inhalte nach im LUG. befinden. Auf dem Gebiete des Schutzes der Werke der Tonkunst gegen Bearbeitungen im allgemeinen enthält demgemäß die RevBÜ. folgenden, dem § 12 Abs. 2 Ziff. 4 LUG. inhaltlich entsprechenden Art. 12:

«Zu der unerlaubten Wiedergabe, auf welche diese Übereinkunft Anwendung findet, gehört insbesondere auch die nicht genehmigte mittelbare Aneignung eines Werkes der Literatur oder Kunst, wie Adaptationen, musikalische Arrangements, sofern die Aneignung lediglich die Wiedergabe dieses Werkes in derselben oder in einer anderen Form, mit unwesentlichen Änderungen, Zusätzen oder Abkürzungen darstellt, ohne die Eigenschaften eines neuen Originalwerkes zu besitzen.«

Die RevBÜ. gesteht dann noch in Art. 13 den Urhebern von Werken der Tonkunst die ausschließliche Befugnis zu: erstens diese Werke auf Instrumente, welche zu deren mechanischer Wiedergabe dienen, zu übertragen, und zweitens die öffentliche Aufführung der nämlichen Werke mittels dieser Instrumente zu gestatten. Als letzte besondere Bestimmung auf dem Gebiete des musikalischen Urheberrechts behandelt die RevBÜ. schließlich noch in Art. 11 den Schutz der Werke der Tonkunst gegen unbefugte öffentliche Aufführung, indem sie diesen Schutz eintreten läßt, ohne daß entgegen Art. 9 Abs. 3 der alten BÜ. von 1886 auf diesen ein ausdrückliches Aufführungsverbot aufgedruckt zu werden braucht. Die gleiche Vorschrift aber wie in Art. 11 RevBÜ. findet sich auch jeweils in dem Art. 2 § 2 der Sonderliterarverträge mit den Verbandsländern Frankreich, Belgien und Italien. Sie ist demnach in diesen Sonderliterarverträgen seit der RevBÜ. überflüssig, wie denn überhaupt Zweck und Inhalt dieser Sonderliterarverträge mit Frankreich, Belgien und Italien seit der RevBÜ. bedeutungslos geworden sind. Denn seitdem die RevBÜ. in Art. 4 die Gleichstellung aller Verbandsangehörigen hinsichtlich des Rechtsschutzes und des Umfanges dieses Schutzes auf dem Gebiete des Urheberrechts an Werken der Literatur und Kunst ganz allgemein ausgesprochen hat, ohne daß Genuß und Ausübung des Rechtes von der Erfüllung irgendwelcher Förmlichkeiten abhängig ist, ist auch der Hauptinhalt der Sonderliterarverträge mit den genannten Verbandsländern hinfällig geworden, da er die Regelung dieser Frage zum Hauptgegenstand hatte.

Somit kommt zwischen Deutschland und den Verbandsländern der RevBÜ., einschließlich Frankreich, Belgien und

Italien, für die Frage, inwieweit unter diesen Ländern das Urheberrecht an Werken der Tonkunst geschützt ist, nur die RevBÜ. seit dem 1. Oktober 1910 in Betracht.

Die RevBÜ. enthält nun als einzige für das Recht an der Melodie in Betracht kommende Bestimmng den oben angeführten Art. 12, der das »musikalische Arrangement« zu den unerlaubten Wiedergaben geistiger Produkte zählt. Daß aber hierin eine Anerkennung des Rechtes an der Melodie, wie es das deutsche literarische Urheberrechtsgesetz in § 13 Abs. 2 kennt, liegt, muß verneint werden. Offenbar ist in Art. 12 RevBÜ. lediglich der Begriff gemeint, den das deutsche Urheberrechtsgesetz darunter versteht, nicht aber der Begriff, den etwa das belgische Gesetz im Auge hat, indem es in Art. 17 von »arrangements sur des motifs de l'œuvre originale« redet[3]). Das Arrangement im Sinne des § 12 RevBÜ. ist das Produkt musikalisch-technischer Arbeit; es ist die Veränderung der äußeren Erscheinungsform eines Werkes der Tonkunst ohne Umwandlung der sich im Tonsatz verkörpernden musikalischen Idee. Es sollen demnach von dem Verbote des § 12 RevBÜ. genau so wie in § 12 Abs. 2 Ziff. 4 LUG. alle Auszüge aus Werken der Tonkunst sowie alle Einrichtungen für einzelne oder mehrere Instrumente getroffen werden. Der Grund für dieses Verbot liegt einmal in der Gefahr erheblicher wirtschaftlicher Nachteile für den Originalkomponisten bzw. seinen Verleger und zum andern in dem geringen Maß der erforderlichen geistigen Tätigkeit. Mit Rücksicht hierauf ist auch in den Urheberrechtsgesetzgebungen sämtlicher Verbandsstaaten der RevBÜ. das Arrangement ohne Erlaubnis des Berechtigten verboten. Keineswegs aber wird in allen Verbandsstaaten das Recht an der Melodie im Sinne des deutschen literarischen Urheberrechtsgesetzes anerkannt. Im Gegenteil schützen fast alle Urheberrechtsgesetzgebungen das Recht an der Melodie ausdrücklich nicht, und auch die Wissenschaft in diesen Staaten

---

[3]) Benoidt et Descamps, Commentaire législatif de la loi au 22 Mars 1886 sur le droit d'auteur 23.

vertritt ganz geteilte Meinungen über Art und Umfang des Melodieschutzes. Dabei ist insbesondere in Betracht zu ziehen, daß bei der großen Zahl von Staaten, die zur RevBÜ. gehören und die die verschiedenartigsten Volksstämme repräsentieren, auch der Begriff der Melodie von vornherein ein ganz verschiedener und voneinander abweichender sein muß. Die RevBÜ. konnte daher in Art. 12 mit dem Verbot musikalischer Arrangements nicht auch das Recht an der Melodie im Sinne des § 13 Abs. 2 LUG. anerkennen, wenn man sich in den meisten Verbandsländern noch nicht einmal über die Art und den Umfang des Schutzes musikalischer Ver- und Bearbeitungen und über den Begriff der Melodie klar ist. Hätte die RevBÜ. in Art. 12 das Recht an der Melodie anerkannt, dann würde sie sich über die Urheberrechtsgesetzgebungen der meisten Verbandsstaaten, die das Recht an der Melodie nicht kennen, gestellt haben. Das kann aber die RevBÜ. bei dem herrschenden Territorialitätsprinzip nicht. Die in Frage kommenden Verbandsstaaten hätten sich niemals zu einer in der RevBÜ. enthaltenen Bestimmung verpflichten können, die ihre eigene Urheberrechtsgesetzgebung nicht kennt oder gar ablehnt (vergl. auch Art. 19 RevBÜ.). Diese Ansicht wird noch durch die Erwägung unterstützt, daß sich die Bestimmung des § 12 RevBÜ. bereits in Art. 10 der alten BÜ. vom 9. September 1886 befand; hätte dieser Art. 10 schon damals das Recht an der Melodie anerkennen wollen, so wäre bereits zu dem Urheberrechtsgesetz von 1870 eine dahingehende Zusatzbestimmung ergangen, um den deutschen Melodieberechtigten in Deutschland nicht schlechter zu stellen als die Verbandsangehörigen der übrigen Verbandsstaaten. Das ist aber nicht geschehen, wie es z. B. jetzt durch Art. 1 des Gesetzes vom 22. Mai 1910 zur Ausführung der RevBÜ. hinsichtlich des Verbotes der Benutzung von Werken der Tonkunst für mechanische Musikinstrumente ohne Erlaubnis des Melodieberechtigten geschehen ist.

Nach alledem erkennt die RevBÜ. ein Recht an der Melodie nicht an. Sie verbietet nur das unbefugte Arrangement im

Sinne des § 12 Abs. 2 Ziff. 2 LUG.[4]) und in dem Sinne der französischen Rechtsauffassung, die in den Worten ihren Ausdruck findet: »Pour nous le mot arrangement est la traduction du terme allemand si général de ‚Bearbeitungen'« [5]). Die Melodieen deutscher Komponisten sind demnach lediglich auf Grund des § 12 RevBÜ. gegen Bearbeitungen, wie sie § 13 Abs. 2 LUG. verbietet, durch Angehörige anderer Verbandsländer der RevBÜ. an sich nicht geschützt. Hier jedoch greift Art. 4 RevBÜ. helfend ein. Er sagt:

»Die einem der Verbandsländer angehörigen Urheber genießen sowohl für die nicht veröffentlichten als für die in einem Verbandslande zum ersten Male veröffentlichten Werke in allen Verbandsländern mit Ausnahme des Ursprungslandes diejenigen Rechte, welche die einschlägigen Gesetze den inländischen Urhebern gegenwärtig einräumen oder in Zukunft einräumen werden, sowie die in dieser Übereinkunft besonders festgesetzten Rechte.

Der Genuß und die Ausübuug dieser Rechte sind an die Erfüllung irgendwelcher Förmlichkeiten nicht gebunden; dieser Genuß und diese Ausübung sind von dem Bestehen eines Schutzes in dem Ursprungslande eines Werkes unabhängig. Soweit nicht diese Übereinkunft ein anderes bestimmt, richten sich demnach der Umfang des Schutzes sowie die dem Urheber zur Wahrung seiner Rechte zustehenden Rechtsbehelfe ausschließlich nach den Gesetzen des Landes, in welchem der Schutz beansprucht wird.«

Danach wird das Recht an der Melodie mithin einem Deutschen in den Verbandsländern der RevBÜ. geschützt, die auch das Recht an der Melodie anerkennen, und zwar ohne daß der Genuß und die Ausübung dieses Rechtes von der Erfüllung irgendwelcher Förmlichkeiten abhängig gemacht ist. In den Verbandsländern jedoch, die das Recht an der Melodie nicht kennen, genießen deutsche Verbandsangehörige keinen Schutz gegen Verletzungen des Rechtes

[4]) Vergl. Rötlisberger, Berner Übereinkunft 238.

[5]) Dunant, Du droit des compositeurs de musique sur leurs oeuvres 41.

an der Melodie. Umgekehrt dagegen kann ein Angehöriger eines anderen Verbandsstaates einen Deutschen in Deutschland nach deutschem Recht belangen, wenn der Deutsche unter Verletzung des § 13 Abs. 2 LUG. eine Melodie dieses Verbandsangehörigen benutzt und das Werk der Tonkunst mit der widerrechtlich benutzten Melodie in Deutschland verbreitet, auch wenn das Recht an der Melodie in dem Lande dieses Verbandsangehörigen nicht anerkannt ist. Es ist dies für unsere Komponisten und Verleger eine unbillige Härte. Immerhin muß man zufrieden sein, daß ein Deutscher gegen widerrechtliche Benutzung einer Melodie wenigstens in den Verbandsländern geschützt ist, die das Recht an der Melodie ebenfalls anerkennen, ohne daß dieser Schutz wie nach der alten BÜ. von der Erfüllung irgendwelcher Förmlichkeiten, wie der Hinterlegung von Pflichtexemplaren usw., abhängig gemacht ist. Denn hierdurch wurde zumeist aus Mangel an Kenntnis der einschlägigen ausländischen Bestimmungen die Rechtsverfolgung illusorisch gemacht, ein Nachteil, der sich heute noch in dem Urheberrechtsverkehr mit Amerika trotz des neuen Amerikanischen Urheberrechtsgesetzes von 1909 und mit Ungarn zum Schaden unserer Komponisten und Verleger fühlbar macht.

Um nun festzustellen, inwieweit ein Deutscher in den übrigen Ländern der RevBÜ. eine Verletzung gegen das Recht an der Melodie verfolgen kann, bedarf es somit der Untersuchung, welche einschlägigen gesetzlichen Bestimmungen sich in den Gesetzen der einzelnen Verbandsstaaten befinden, bzw. welche Grundsätze die Theorie und Praxis dort über das Recht an der Melodie aufgestellt hat.

Drittes Kapitel.

Das Recht an der Melodie in den Verbandsstaaten der Revidierten Berner Übereinkunft.

Frankreich ist zunächst in der Anerkennung des Rechtes an der Melodie allen übrigen Staaten seit Jahrzehnten vorangegangen. Seine Gesetzgebung ist zwar auf dem Gebiete des Urheberrechts sehr dürftig, dafür aber hat sich hier Theorie und Praxis in reichem Maße entwickelt. Als einzige Bestimmung für das musikalische Urheberrecht kommt in Frage der Art. 1 des Dekretes vom 19. bis 24. Juli 1793. Er sagt: ». . . les compositeurs de musique . . . jouiront, durant leur vie entière, du droit exclusif de vendre, faire vendre, distribuer leurs ouvrages dans le territoire de la république et d'en céder la propriété en tout ou en partie« [6]). In Befolgung dieser Bestimmung sagt dann auch der code pénal von 1810 in Art. 425: »Toute édition . . . de composition en entier ou en partie . . . est une contrefaçon et toute contrefaçon est un délit.« Damit hat die französische Gesetzgebung das ausschließliche Verfügungsrecht des Komponisten über sein Geisteswerk anerkannt, und hierauf weiterbauend entwickelte sich dann in der französischen Rechtsprechung das sog. »droit de mélodie« in dem Sinne, wie ihm die deutsche Urheberrechtsgesetzgebung in Anlehnung an den französischen Rechtsbegriff in § 13 Abs. 2 LUG. gesetzliche Geltung verschafft hat. Nicht aber stammt das »droit de mélodie« aus der französischen Gesetzgebung, wie fälschlicherweise die Begründung zu § 13 Abs. 2 des zweiten Entwurfes von 1901 annimmt [7]). Mit der französischen Rechtsprechung geht Hand in Hand in dem Schutze der Melodie die französische Wissenschaft. Sie steht auf dem Standpunkt, daß das »droit de mélodie« ohne weiteres ein Ausfluß des dem Komponisten zustehenden ausschließlichen Rechtes an seinem Geistesprodukte sei. So sagt Dunant [8]):

> »Tout arrangement ou variation sur un thème du domaine privé sans consentement de l'auteur est une contrefaçon. La doctrine et la jurisprudence françaises sont unanimes dans le cas.«

In ähnlichem Sinne drückt sich Pouillet [9]) dahin aus:

---

[6]) Carpentier, Codes et les lois pour la France 2010.

[7]) Sten. Berichte 1900/01, 397.

[8]) Dunant 148.

[9]) Pouilett, Traité théorique et practique de la propriété litteraire et artistique et du droit de répresentation 445, 556.

»L'auteur ayant un droit incontesté sur la forme même dans laquelle il exprime son ideé, a, par conséquent, le droit, d'empêcher ces arrangements, qui sous prétexte de variations reproduisent son oeuvre,«

wobei er allerdings fälschlicherweise die Variation als eine Unterart des Arrangements ansieht. Am schärfsten aber betont Cattreux [10]) den französischen Standpunkt mit den Worten:

»La propriété des oeuvres musicales au point de vue de l'édition, de la publication par l'impression, n'est pas discutée: on la reconnait, on la respecte. La discussion s'élève quand il s'agit du droit de représentation.

Le bon sens indique, que l'on entendu garantis contre toute reproduction illicite la propriété des oeuvres de l'intelligence sous la forme musicale comme sous la forme littéraire.

Il nous paraît impossible d'admettre que la loi protège la propriété d'une œuvre au point de vue de la reproduction par la publication et qu'elle permette de la vider à celui de la reproduction par la représentation.«

Belgien erkennt sodann in Art. 17 seines Gesetzes betreffend das Urheberrecht vom 22. März 1886 das Recht an der Melodie ebenfalls an, indem es sagt:

»Le droit d'auteur sur les compositeurs musicales comprend le droit, exclusif de faire des arrangements sur des motifs de l'oeuvre originale.«

Mit den Worten »arrangements sur des motifs de l'oeuvre originale« ist hier nicht der Begriff des Deutschen Urheberrechtsgesetzes in § 12 Abs. 2 Ziff. 4 und der RevBÜ. in Art. 12 gemeint, sondern der höhere Begriff der selbständigen und individuellen, wenn auch widerrechtlichen Bearbeitung im Sinne des § 13 Abs. 2 LUG. Denn in Art. 17 wird nicht als ein ausschließliches Recht des Komponisten hingestellt »de faire des arrangements«, sondern »de faire des arrange-

[10]) Cattreux, Etude sur le droit de propriété des oeuvres dramatiques et musicales 91.

ments s u r d e s m o t i f s d e l'œuvre originale«. Damit wird aber nichts anderes dem Sinne nach gesagt wie in § 13 Abs. 2 LUG.: Bei einem Werke der Tonkunst ist jede Benutzung unzulässig, durch welche eine Melodie erkennbar dem Werke entnommen und einer neuen Arbeit zugrunde gelegt wird. Demgemäß sagen auch die Motive [11]) zu Art. 17:

»L'équité veut, qu'un ouvrage dramatique ou musicale ne puisse être produit en public, même partiellement sans le consentement de l'auteur et que la faculté de faire des arrangements sur des motifs d'une composition de musique appartienne exclusivement à celui qui l'a faite.«

Hierzu fügt der Bericht der Gesetzgebungskommission [12]) ausführend hinzu:

»Les arrangements sur les motifs d'une oeuvre originale ne sont, en réalité, que des phrases diverses d'une même pensée musicale. Il est donc naturel d'accorder à l'auteur de l'idée le droit exclusif d'en varier la forme. En lui accordant, on cède aux réclamations unanimes des compositeurs: Ajoutons que s'il est difficile de définer avec précision ce qu'on doit entendre par arrangements, il appartient aux tribunaux d'apprécier si les variations incriminées ont assez d'importance pour être traitées de contrefaçons.«

Und schließlich sagt der Kammerbericht [13]) noch erläuternd:

»Si le compositeur est investi du droit exclusif de disposer de ses conceptions et d'en retirer tous les profits qu'elles comportent, la „stricte équité" ne permet pas que le premier venu s'empare de ses idées musicales pour en faire, à son préjudice, un objet de speculation.«

In längeren Ausführungen begründet dann noch der Kammerbericht die Anerkennung des Rechtes an der Melodie insbesondere aus der Erwägung heraus, daß den Komponisten durch gewinnsüchtige Bearbeitungen ihrer Melodieen der

---

[11]) Benoidt et Descamps 23.
[12]) Benoidt et Descamps 25.
[13]) Benoidt et Descamps 90—91.

pekuniäre Vorteil aus ihren Werken sehr oft verloren gehe, und daß man demgemäß die Be- und Verarbeitungen fremder geschützter Melodieen in jeder Art und Form verbieten müsse.

Tunis und Luxemburg erkennen fernerhin das Recht an der Melodie an, indem das Tunesische Urheberrechtsgesetz in Art. 4 und das Luxemburgische Urheberrechtsgesetz in Art. 15 die wörtliche Bestimmung des Belgischen Gesetzes übernommen haben[14]).

Spanien schützt ebenfalls das Recht an der Melodie[15]). Das Spanische Gesetz vom 10. Januar 1879 über »Das geistige Eigentum« sagt in Art. 7 Abs. 2:

»Wenn es sich um ein musikalisches Werk handelt, umfaßt das Verbot — nämlich der Vervielfältigung — ebensowohl die ganze als auch die teilweise Veröffentlichung der Melodieen mit oder ohne Begleitung, transponiert oder für andere Instrumente arrangiert oder für anderen Text oder in irgendeiner anderen als der vom Verfasser gewählten Form.«

Die Ausführungsverordnung vom 3. September 1880 ergänzt diese Bestimmung in Art. 65 noch dahin:

»Ohne Zustimmung des Eigentümers kann in den Parodieen irgendwelche wörtliche Stelle oder irgendwelche Melodie des parodierten Werkes ganz oder teilweise nicht eingeführt werden.«

Die spanische Gesetzgebung geht also in Anerkennung des Rechtes an der Melodie noch weiter als das Deutsche Urheberrechtsgesetz. Denn sie verbietet auch die Benutzung von Melodieen zu musikalischen Parodieen, was nach der Begründung zu § 13 Abs. 2 LUG. ausdrücklich nicht der Fall sein soll[16]). Der Art. 64 der Ausführungsverordnung bestraft die Aneignung fremder Melodieen in jedweder Form sogar als Betrug.

Alle übrigen Verbandsstaaten der RevBÜ. erkennen das Recht an der Melodie im Sinne des § 13 Abs. 2 LUG.

---

[14]) Röthlisberger, Gesetze über das Urheberrecht 262, 150.
[15]) Röthlisberger, daselbst 233.
[16]) Sten. Berichte 1900/01, 397.

nicht an. Sie verbieten in ihren Urheberrechtsgesetzgebungen zumeist nur das Arrangement im Sinne des § 12 Abs. 2 Ziff. 4 LUG. Auch die Wissenschaft in diesen Ländern ist hinsichtlich der Frage des Melodieschutzes durchaus geteilter Meinung.

Das Englische Urheberrechtsgesetz[17]) zunächst sagt in Art. 18 der für die Königliche Urheberrechtskommission 1878 zusammengestellten Gesetze aus den Jahren 1735—1875:

»Infringement of Copyrigth in a Musical Composition.

Copyrigth in a musical composition is infringed when a substantial portion of the music in which copyrigth exists is reproduced either without any alteration or with such alterations as are required to adapt it to a different purpore or instrument, the alterations being of such a character that the substantial identity between the original and the altered version can be recognized by the ear.«

Das englische Urheberrechtsgesetz erklärt danach nur das Arrangement für unzulässig. Es genügen aber selbst unbedeutende Änderungen und Umarbeitungen, um eine solche Bearbeitung als erlaubt anzusehen und ihr den Charakter eines selbständig geschützten Werkes der Tonkunst zu geben. Slater[18]) gestattet sogar eigenmächtige Einrichtungen um ihnen den Schutz des englischen Urheberrechtsgesetzes angedeihen zu lassen.

Das Königliche Italienische Dekret[19]) vom 19. September 1882 Nr. 1012 sagt weiterhin in Art. 3:

»Gleichgeachtet der dem Urheber eines Werkes vorbehaltenen Vervielfältigung werden: . . .

Die Umgestaltung für verschiedene Instrumente, die Auszüge und die Anpassungen musikalischer Werke oder eines Teiles derselben, ausgenommen die Fälle, in welchen ein Motiv eines Originalwerkes Grund oder Thema einer

[17]) Bowker, Copyrigth, its law and its literature 47; Röthlisberger, Gesetze über das Urheberrecht 18.

[18]) Slater, The law relating to copyrigth and art 17; siehe auch Copinger, The law of copyrigth 386 und Osterrieth, Geschichte des Urheberrechts in England 214.

[19]) Röthlisberger, Gesetze über das Urheberrecht 128.

musikalischen Komposition wird, die ein neues Werk bildet.«

Eine Variation, Fantasie, Transskription usw. über eine geschützte Melodie ist demnach gestattet; sofern die Variation usw. dagegen zwei oder mehrere geschützte Melodieen thematisch verarbeitet, liegt ein Eingriff in die ausschließlichen Befugnisse des Urhebers vor. So haben auch die Neapeler Gerichte den Art. 3 des Italienischen Dekretes vom 19. September 1882 ausgelegt.

Für das Fürstentum Monaco sagt sodann die Verordnung vom 27. Februar 1889 und 3. Juni 1896 betreffend den Schutz der literarischen und künstlerischen Werke in Art. 17:

»Jede ganz oder teilweise erfolgte Ausgabe oder Vervielfältigung eines literarischen oder künstlerischen Werkes, die in betrüglicher Absicht unter Nichtachtung der Urheberrechte geschah, stellt das Nachahmungsvergehen dar. Verboten ist in dieser Hinsicht besonders die Veröffentlichung der ‚Anpassungen, Musikarrangements' genannten Werke und überhaupt alle an einem literarischen oder musikalischen Werke vorgenommenen Entlehnungen mit Änderungen, Zusätzen oder Weglassungen, welche deren charakteristische Stellen bestehen lassen, ohne den Charakter eines Originalwerkes darzustellen.«

Das Norwegische Gesetz vom 4. Juli 1893 über das Urheberrecht sagt ferner in § 13:

»Das einem Urheber oder anderen in Folge dieses Gesetzes zustehende alleinige Recht zur Veröffentlichung eines Werkes wird nicht nur durch unveränderte Wiedergabe des Werkes verletzt, sondern auch durch solche Wiedergaben, durch welche Verkürzungen, Hinzufügungen oder Umarbeitungen vorgenommen sind . . ., sofern die Bearbeitung nicht von solcher Beschaffenheit ist, daß damit ein wesentlich neues und selbständiges Werk hervorgebracht ist.«

Und das Dänische Gesetz vom 1. April 1912 sagt fast wörtlich ebenfalls in § 13:

»Das dem Urheber oder andern nach Maßgabe dieses Gesetzes zustehende ausschließliche Recht zur Veröffentlichung eines Werkes wird nicht nur durch unveränderte Wiedergabe verletzt, sondern auch durch solche Wiedergaben, an denen Kürzungen, Zusätze oder Umarbeitungen vorgenommen sind — darunter Dramatisierung oder Übertragung aus der einen literarischen oder künstlerischen Form in eine andere — wenn die Bearbeitung nicht eine solche ist, daß ein wesentlich neues und selbständiges Geisteswerk hierdurch hervorgebracht worden ist . . .«

Die Urheberrechtsgesetze von Japan und der Schweiz enthalten überhaupt kein ausdrückliches Verbot musikalischer Bearbeitungen. Sie zählen nur auf, was nicht als Eingriff in die ausschließlichen Befugnisse des Urhebers angesehen werden soll. Aus Art. 1 der Urheberrechtsgesetze dieser Staaten, der jeweils dem Urheber das ausschließliche Vervielfältigungsrecht seiner Werke vorbehält, in Verbindung mit Art. 12 RevBÜ., auf Grund dessen sich die Verbandsstaaten der RevBÜ. gegenseitig den Schutz des musikalischen Arrangements zusichern, ist allerdings zu folgern, daß auch sie das Arrangement ohne Erlaubnis des Berechtigten nicht zulassen.

Das Japanische Gesetz vom 3. März 1899 über das Urheberrecht geht immerhin in Art. 30 Ziff. 3 erheblich weit, wenn es als Eingriffe in das Urheberrecht hinsichtlich eines schon veröffentlichten Werkes nicht betrachtet:

»Die Vornahme von Auszügen und die Anführung von Stellen unter der Voraussetzung, daß diese Anführungen sich auf berechtigte Grenzen beschränken.«

Das Schweizerische Bundesgesetz vom 23. April 1883 betreffend das Urheberrecht an Werken der Literatur und Kunst bestimmt dagegen in Art. 11:

»Eine Verletzung des Urheberrechts wird nicht begangen: . . .

durch die Aufnahme bereits veröffentlichter, kleinerer musikalischer Kompositionen in ein speziell für die Schule oder Kirche bestimmtes Sammelwerk, mit oder ohne Originaltext, unter der Voraussetzung, daß die Quelle angegeben wird, . . .

durch die Benutzung musikalischer Kompositionen für Spielzwecke.«

Orelli [20]) erklärt aber für das schweizerische Urheberrecht die Benutzung fremder geschützter Melodieen und Motive für zulässig, sofern nur das neue Werk als eine im wesentlichen selbständige geistige Schöpfung auf dem Gebiete der Musik sich darstelle.

Das Schwedische Gesetz über das literarische Eigentumsrecht vom 10. August 1877 enthält schließlich keinerlei Bestimmungen über das musikalische Urheberrecht. Es behält in § 1 dem Urheber das ausschließliche Vervielfältigungsrecht seiner Werke vor. Demgemäß ist auch hieraus in Verbindung mit Art. 12 RevBÜ. zu schließen, daß Schweden musikalische Arrangements ohne Erlaubnis des Berechtigten nicht zuläßt [21]).

Ehe nun aber das sich hieraus für die Rechtsverfolgung ergebende Resultat bei Verletzungen des Rechtes an der Melodie unter den Verbandsstaaten der RevBÜ. gezogen werden soll, sollen zunächst noch die urheberrechtlichen Gesetzgebungen in Österreich-Ungarn und in Amerika, die beide nicht zur RevBÜ. gehören, mit denen wir aber Sonderliterarverträge geschaffen haben, daraufhin betrachtet werden, ob sie das Recht an der Melodie kennen, damit dann im Zusammenhange die Rechtsverfolgung unter den wichtigsten Kulturstaaten auf dem Gebiete des musikalischen Urheberrechts erörtert werden kann.

---

[20]) Orelli, Das schweizerische Bundesgesetz betreffend das Urheberrecht 91.

[21]) Sämtliche Gesetze sind abgedruckt bei Röthlisberger, Gesetze über das Urheberrecht. Das neue Dänische Urheberrechtsgesetz ist abgedruckt im Börsenblatt Nr. 140 vom 19. Juui 1912.

Viertes Kapitel.

Das Recht an der Melodie in Österreich-Ungarn und in Amerika.

Was zunächst Österreich-Ungarn betrifft, so kommen in Frage: das Österreichische Gesetz vom 26. Dezember 1895, betreffend das Urheberrecht an Werken der Literatur, Kunst und Photographie, das Ungarische Gesetz vom 26. April 1884 über das Urheberrecht und sodann das zwischen Deutschland und Österreich-Ungarn geschlossene Übereinkommen vom 30. Dezember 1899.

In Art. 32 des Österreichischen Gesetzes heißt es nun:

»Als Eingriff in das Urheberrecht ist insbesondere anzusehen: die Herausgabe von Auszügen, Potpourris und Arrangements«,

und in Art. 33:

»Als Eingriff in das Urheberrecht ist nicht anzusehen die Herausgabe von Variationen, Transskriptionen, Fantasieen, Etüden und Orchestrierungen, sofern sie als eigentümliche Werke der Tonkunst sich darstellen.«

Das Ungarische Gesetz drückt sich ähnlich in § 46 aus:

»Als unbefugte Aneignung des Autorrechts wird jedoch solche ohne Einwilligung des Verfassers herausgegebene Umarbeitung eines Musikwerkes betrachtet, welche als eigene Komposition nicht betrachtet werden kann, namentlich: Auszüge aus Musikwerken, Transskriptionen eines Musikwerkes für ein oder mehrere Instrumente oder Stimmen, ferner künstlerisch nicht bearbeitete Abdrücke einzelner Teile oder Lieder ein und desselben Werkes.«

Danach lehnt die österreich-ungarische Urheberrechtsgesetzgebung entschieden die Anerkennung des Rechtes an der Melodie im Sinne des § 13 Abs. 2 LUG. ab, und den gleichen Standpunkt vertritt auch durchgängig und ausdrücklich die Rechtswissenschaft in Österreich-Ungarn [22]).

Auf Grund des Übereinkommens zwischen Deutschland und Österreich-Ungarn vom 30. Dezember 1899 genießt nun

[22]) Vergl. besonders Schuster, Urheberrecht 186 ff.

ein Werk der Tonkunst, das in den Staatsgebieten des einen der vertragschließenden Teile erschienen, bzw. in Österreich auch nur öffentlich aufgeführt ist[23]), in dem Staatsgebiete des anderen Teiles, vorausgesetzt daß es nicht auch dort erschienen bzw. öffentlich aufgeführt ist, den in diesem Gebietsteile für Werke der Tonkunst nach der inländischen Gesetzgebung jeweils gewährten Schutz. Österreich verlangt dann weiter die Erfüllung der nicht im eigenen Lande geltenden Bedingungen und Förmlichkeiten, wohl aber die für das Ursprungsland des Werkes der Tonkunst gegebenen, während Ungarn noch weiter geht und verlangt, daß sowohl die Bedingungen und Förmlichkeiten des schutzgewährenden Landes als auch die des Ursprungslandes zu erfüllen sind[24]). Demgemäß kann in Ungarn — anders wie in Österreich — grundsätzlich nur dort registrierten Werken der Tonkunst Schutz gewährt werden. —

Auch das Amerikanische Urheberrechtsgesetz vom 4. März 1909 — The copyrigth law of the United States of America[25]) — erkennt das Recht an der Melodie nicht an. Es behält nämlich dem Melodieberechtigten nur diejenigen Wiedergaben vor, die die äußere Gestalt einer Komposition ändern, ohne den wesentlichen Inhalt, wie er sich in dem individuellen Tonsatz offenbart, zu berühren. Demgemäß wird dem Melodieberechtigten nach Art. 1b Ziff. 5 des Gesetzes nur das Arrangement vorbehalten. Nun aber hat das Deutschamerikanische Urheberrechtsübereinkommen vom 15. Januar 1892 als einzige materielle Vorschrift den Art. 1, der besagt:

> »Die Bürger der Vereinigten Staaten von Amerika sollen im Deutschen Reiche den Schutz des Urheberrechts bezüglich der Werke der Literatur und Kunst sowie den Schutz der Photographie gegen unbefugte Nachbildung auf derselben Grundlage genießen, wie solche den Reichsangehörigen gesetzlich zusteht.«

---

[23]) Daude, Kommentar 269 zu Art. I des Übereinkommens.

[24]) Daude, Kommentar 261 und Bemerkungen zu Art. I—III des Übereinkommens 268 ff.

[25]) GewRschutz 1909, 161 ff.

Die Angehörigen der Vereinigten Staaten von Amerika genießen also in Deutschland den gleichen Schutz ihrer Urheberrechte wie ein deutscher Reichsangehöriger, und dafür ein Angehöriger des Deutschen Reiches den Schutz der Copyrigth Act, des amerikanischen Urheberrechtsgesetzes. Während aber in Deutschland der Schutz von der Erfüllung irgendwelcher Bedingungen und Förmlichkeiten unabhängig ist, ist es zur Erlangung des Schutzes eines deutschen Reichsangehörigen in Amerika erforderlich, daß zwei Exemplare des Werkes der Tonkunst möglichst bald nach der Veröffentlichung dem »Register of Copyrigths, Washington, DC., U. S. A.« zur Hinterlegung eingesandt werden mit einem Anschreiben, in dem die Eintragung auf Grund des Urheberrechtsgesetzes vom 4. März 1909 verlangt und die Staatsangehörigkeit des Komponisten sowie Name, Staatsangehörigkeit und Adresse der um Urheberschutz nachsuchenden Person und das Datum der Veröffentlichung angegeben wird [26]).

Fünftes Kapitel.

Die internationale Rechtsverfolgung bei Verletzungen des Rechtes an der Melodie unter Berücksichtigung der Revidierten Berner Übereinkunft und der Sonderliterarverträge Deutschlands.

Das Resultat vorstehender Untersuchungen über die Anerkennung des Rechtes an der Melodie in Gesetzgebung und Rechtsprechung des Auslandes ist demnach folgendes:

1. Von den Verbandsstaaten der RevBÜ. erkennen das Recht an der Melodie an: Deutschland, Belgien, Frankreich, Luxemburg, Spanien, Tunis.

2. Von den Verbandsstaaten der RevBÜ. erkennen das Recht an der Melodie nicht an: Dänemark, England, Italien,

[26]) Vergl. Röthlisberger in Nr. 119 des Börsenblattes für den deutschen Buchhandel vom 26. Mai 1909 und Nr. 67, 69 dieses Blattes vom 23. und 25. März 1909.

Japan, Monaco, Norwegen, Schweden, die Schweiz. Sie erklären nur das Arrangement im Sinne des § 12 Abs. 2 Ziff. 4 LUG. ohne Erlaubnis des Melodieberechtigten für unzulässig.

3. Österreich, Ungarn, Amerika, die nicht zur RevBÜ. gehören, mit denen aber Sonderliterarverträge auf der Grundlage der Gegenseitigkeit geschlossen sind, erkennen das Recht an der Melodie nicht an; ihre Gesetzgebungen verbieten nur das Arrangement.

4. Mit Rußland, Portugal, den Niederlanden und den Balkanländern sind keinerlei internationale Abmachungen auf dem Gebiete des literarischen und künstlerischen Urheberrechts getroffen worden.

Für die internationale Rechtsverfolgung ergeben sich demnach die nachstehenden leitenden Gesichtspunkte:

1. Unter den Verbandsstaaten der RevBÜ., die das Recht an der Melodie kennen, kann bei Verletzungen des Rechtes an der Melodie jeder Verbandsangehörige in dem Verbandslande, in dem die Verletzung erfolgt ist, seine Rechte ohne die Erfüllung irgendwelcher Förmlichkeiten verfolgen. Der Umfang des Rechtes an der Melodie und die zur Wahrung dieses Rechtes bestehenden Rechtsbehelfe richten sich ausschließlich nach den Gesetzen des Landes, in dem der Rechtsschutz beansprucht wird. Es stehen also z. B. einem Franzosen oder anderem Verbandsangehörigen in Deutschland bei Verletzungen des Rechtes an der Melodie durch einen Deutschen diejenigen Rechtsbehelfe zu, die das Deutsche Recht, insbesondere das Urheberrecht gewährt. Umgekehrt kann ein Deutscher oder ein anderer Verbandsangehöriger in Frankreich Verletzungen des Rechtes an der Melodie durch einen Franzosen nach französischem Recht verfolgen, ohne die in Frankreich für die Ausübung des Rechts erforderlichen Förmlichkeiten erfüllen zu müssen (Art. 4 RevBÜ.).

2. Unter den Verbandsstaaten der RevBÜ., die das Recht an der Melodie nicht kennen, findet eine Rechtsverfolgung wegen Verletzungen des Rechtes an der Melodie nicht statt, sondern nur eine solche wegen unerlaubten Arrangements.

Ein Engländer kann also z. B. in Italien einen Italiener nur wegen unerlaubten Arrangements verfolgen.

Unter den Verbandsstaaten der RevBÜ., die das Recht an der Melodie kennen und solchen die es nicht kennen, findet dagegen eine Rechtsverfolgung wegen Verletzungen des Rechtes an der Melodie nur jeweils in dem Verbandsstaate statt, der das Recht an der Melodie anerkennt. Es kann danach z. B. ein Italiener in Deutschland einen Deutschen wegen Verletzungen des Rechtes an der Melodie verfolgen, während ein Deutscher einen Italiener in Italien dieserhalb nicht belangen kann, da das italienische Recht das Recht an der Melodie ausdrücklich nicht anerkennt. Eine Rechtsverfolgung wegen unerlaubten Arrangements findet natürlich auch unter diesen Verbandsstaaten in gleichem Umfange statt.

3. Was dagegen die internationalen Urheberrechtsbeziehungen zwischen Deutschland einerseits und Österreich, Ungarn und Amerika andererseits betrifft, so kann eine Rechtsverfolgung in letzteren Staaten durch einen Deutschen wegen Verletzungen des Rechtes an der Melodie nicht stattfinden, da ihre Gesetzgebungen das Recht an der Melodie nicht anerkennen. Dagegen kann ein Angehöriger dieser drei Staatsgebiete in Deutschland Verletzungen des Rechtes an der Melodie verfolgen, selbst wenn er die in seinem Heimatstaate bestehenden Bedingungen und Förmlichkeiten nicht erfüllt hat, da das deutsche Urheberrechtsgesetz die Erfüllung von Bedingungen und Förmlichkeiten als Voraussetzung für die Rechtsverfolgung bei Urheberrechtsverletzungen nicht kennt. Wegen unrechtmäßigen Arrangements findet jedoch auch hier in gleicher Weise unter allen vier Staatsgebieten eine Rechtsverfolgung statt. Aber während ein Deutscher bei einer derartigen Rechtsverfolgung nach Art. 3 Abs. 1 des Übereinkommens zwischen dem Deutschen Reiche und Österreich-Ungarn in Österreich keinerlei Bedingungen und Förmlichkeiten, die das Österreichische Urheberrechtsgesetz sonst vorschreibt, zu erfüllen hat, legen ihm Ungarn nach Art. 3 Abs. 2 dieses Übereinkommens und Amerika die Erfüllung gewisser in ihren Ländern gesetzlich bestehender

Bedingungen und Förmlichkeiten auf, d. h. die Werke der Tonkunst müssen in diesen Ländern registriert sein, um dort unerlaubte Arrangements verfolgen zu können. Dagegen kann ein Staatsangehöriger von Österreich, Ungarn und Amerika in Deutschland das unerlaubte Arrangement verfolgen ohne Erfüllung irgendwelcher Bedingungen und Förmlichkeiten in seinem Heimatlande oder Deutschland, da solche, wie schon erörtert, das deutsche Urheberrechtsgesetz nicht kennt.

4. Lediglich die Rechtsverfolgung in Rußland, den Niederlanden, Portugal und den Balkanländern richtet sich nach den in dem Kapitel über die internationale Rechtsverfolgung im allgemeinen erörterten Bestimmungen.

Was vor allem Rußland betrifft, so hat es in seinem neuen Autorrecht vom 20. März 1911 zum ersten Male das musikalische Urheberrecht in den Artikeln 42—46 des dritten Kapitels eingehender behandelt [27]. Nach Art. 42 soll das musikalische Urheberrecht auch das ausschließliche Recht des Komponisten umfassen, an einem Tonwerk Abkürzungen vorzunehmen, Auszüge daraus zu machen und das Tonwerk zu einem Potpourri zu benutzen, und derartige Abkürzungen, Auszüge und Potpourris im Druck zu veröffentlichen, sowie spielen oder spielen zu lassen; es soll dann weiter das ausschließliche Recht umfassen, das Tonwerk oder einen seiner Teile zu einem Arrangement für eine oder mehrere Singstimmen, für einzelne Instrumente oder für ein ganzes Orchester zu verwenden oder in eine andere Tonart umzusetzen [28]. Art. 42 bestimmt ferner, daß keine unerlaubte Nachbildung, also keine Verletzung eines fremden Autorrechts vorliegen soll, wenn es sich im konkreten Falle nicht um eine Bearbeitung, sondern um eine Verarbeitung eines fremden Tonwerkes, und zwar um eine Verarbeitung der fremden musikalischen Schöpfung bis zu dem Grade handelt, daß sie eine wirkliche Neuschöpfung

[27]) Vergl. Lutzau, Das neue russische Autorgesetz vom 20. August 1911, Riga 1912.

[28]) Lutzau 44.

darstellt. Nach Lutzau[29]) will das russische Autorgesetz mit dieser Bestimmung einen doppelten Grundsatz aussprechen, nämlich: 1. Bearbeitung ist noch keine Verarbeitung und umgekehrt, und 2. die durch einen anderen erfolgende Verarbeitung des fremden Tonwerkes muß sich derart von letzterem entfernen, daß sie als selbständige musikalische Neuschöpfung erscheint und nur als solche betrachtet werden kann. Nur bei Vorhandensein dieser Voraussetzungen, meint Lutzau, erkläre das Gesetz die von ihm angeführten verschiedenen Arten musikalischer Bearbeitungen, wie z. B. die Herausgabe von Variationen, Transskriptionen, Etüden und Phantasieen über das fremde Tonwerk seinem gesamten Umfange nach oder auch nur über einen Teil desselben für berechtigt; jenseits dieser Grenze beginne bereits die Rechtswidrigkeit, liege also Verletzung fremden Urheberrechts vor. In Art. 43 erklärt es dann das Autorgesetz für zulässig, wenn jemand einzelne Stellen aus schon veröffentlichten oder öffentlich gespielten Musikstücken als bloße Beispiele in solche von ihm herausgegebene Werke aufnimmt, die wissenschaftliche oder Lehrzwecke verfolgen. Demnach sei, wie Lutzau hierzu ausführt, die Herstellung von Auszügen aus einer Komposition, der Abdruck einzelner Motive oder Melodieen eines und desselben Werkes, sofern sie nicht künstlerisch verarbeitet seien, unzulässig, da hier keine eigene selbständige Schöpfung vorliege. Er fügt aber hinzu, daß es trotz dieser detaillierten Bestimmungen oft schwierig sein werde und nur dem richterlichen, durch sachverständige Gutachten zu unterstützenden Ermessen überlassen bleiben müsse, die bloße Anlehnung an ein fremdes Musikwerk von der Bearbeitung desselben zu trennen und im einzelnen zu unterscheiden, ob Anlehnung oder Entlehnung gegeben sei.

Das russische Autorgesetz erkennt danach das Recht an der Melodie im Sinne des § 13 Abs. 2 des deutschen Urheberrechtsgesetzes nicht an. Es verbietet nur alle Bearbeitungen eines Tonwerkes, die lediglich seine äußere Er-

---

[29]) Lutzau 47.

scheinungsform ändern, wie Arrangements, Auszüge usw. Lutzau sagt denn auch an anderer Stelle wörtlich: »Wäre es nicht eine bis zur Unverständlichkeit sich steigernde Rigorosität des Gesetzgebers gewesen, wenn er z. B. einem Schumann verboten hätte, die Töne der Marseillaise in dem Liede ‚die beiden Grenadiere' zu benutzen?« Demgemäß steht das russische Autorrecht noch auf dem gleichen Standpunkte, den das deutsche Urheberrechtsgesetz von 1870 in § 46 eingenommen hat. Dieses sah nämlich als Nachdruck alle ohne Genehmigung des Urhebers einer musikalischen Komposition herausgegebenen Bearbeitungen an, welche nicht als eigentümliche Kompositionen betrachtet werden konnten, insbesondere Auszüge aus einer musikalischen Komposition, Arrangements für einzelne oder mehrere Instrumente und Stimmen, sowie der Abdruck von einzelnen Motiven und Melodieen eines und desselben Werkes, die nicht künstlerisch verarbeitet waren. Auch damals verwarf man im deutschen literarischen Urheberrecht ausdrücklich einen so umfassenden Schutz der Melodie, wie wir ihn heute in § 13 Abs. 2 LUG. haben. Denn die Motive zu § 46 des Urheberrechtsgesetzes von 1870 sagen ganz ähnlich wie Lutzau: »... würde es nicht ... geradezu widersinnig sein, wenn Beethovens 32 Variationen ... (opus 36) einem ... Nachdruck gleichgestellt werden müßten, falls der ... Tondichter jenes Thema nicht selbst erschaffen, sondern (wie bei anderen Variationen) anderswoher entlehnt hätte?«

Nun sagt Art. 32 des russischen Autorgesetzes:

> »Der Nachdruck von im Auslande erschienen Schriftwerken ist nicht gestattet ohne Erlaubnis derjenigen Personen, die nach den Gesetzen des Landes, wo diese Schriftwerke erschienen, das Autorrecht daran haben, vorausgesetzt, daß die Dauer des Autorrechts sich nicht über die in vorliegendem Gesetze hierfür festgesetzten Grenzen hinaus erstreckt.«

Auf Grund dieser Vorschrift sollte man annehmen, daß jeder Urheber, auch wenn er Ausländer ist, gegen in Rußland erfolgenden Nachdruck geschützt wäre. Diese Auslegung widerspricht aber dem klaren Inhalte des Art. 4. Danach wird ein Autorrecht von im Auslande erscheinenden Geisteserzeugnissen nur insoweit anerkannt, als der Urheber russischer Untertan ist, während bei seinen Rechtsnachfolgern diese Voraussetzung nicht vorhanden zu sein braucht. Man könnte nun zunächst Art. 32 als lex specialis zu Art. 4 auffassen. Dann jedoch würde der Inhalt des Art. 32 dem unzweideutigen und festumgrenzten Wortlaute der allgemein gehaltenen Bestimmung in Art. 4 direkt widersprechen. Lutzau[30]) interpretiert deshalb diese beiden Gesetzesstellen in folgender Weise: Das ganze erste Kapitel (Art. 1—26) enthalte ausschließlich Bestimmungen, die sich auf alle verschiedenen Arten und Erscheinungsformen der Geistesschöpfungen gemeinsam, also auch auf Schriftwerke bezögen, deshalb werde man Art. 32 nur dahin auslegen können, daß im Auslande erscheinende Schriftwerke in Rußland nur dann gegen Nachdruck geschützt würden, wenn der Verfasser russischer Untertan sei; dagegen schutzlos seien, wenn der Verfasser ausländischer Untertan sei; die Rechtsnachfolger des russischen Autors würden dagegen gegen Nachdruck auch dann geschützt, wenn sie dem ausländischen Untertanenverbande angehörten. Schließt man sich dieser Auslegung an — und anders wird sich Art. 4 mit Art. 32 nicht gut vereinigen lassen —, so wird man auch bei dieser einschränkenden Auslegung sagen müssen, daß das neue russische Autorgesetz über den in der Praxis des internationalen Urheberrechts im allgemeinen, mangels besonderer Literarkonventionen, herrschenden Grundsatz teilweise hinausgeht, der den Urheberschutz auf die im Inlande erschienenen Werke der Literatur und Tonkunst beschränkt (vgl. § 55 LUG.). Damit aber hat Rußland den ersten Schritt auf der Bahn zu Internationalisierung seines Urheberrechts getan und es steht wohl zu erwarten, daß es sich in nicht zu ferner Zeit der Berner Übereinkunft anschließen wird.

---

[30]) Lutzau 34.

Die internationale Rechtsverfolgung gestaltet sich demgemäß, soweit Rußland in Frage kommt, folgendermaßen:

Ein russischer Staatsangehöriger genießt in Deutschland urheberrechtlichen Schutz nur, sofern er das Werk der Tonkunst in Deutschland hat erscheinen lassen (§ 55 LUG.). In Deutschland begangene Verletzungen des Rechtes an der Melodie kann er andernfalls nicht verfolgen. Auch ein Deutscher kann in Rußland begangene Verletzungen des Rechtes an der Melodie nicht verfolgen (Art. 42, 43 des russischen Autorgesetzes). Ein Deutscher kann aber gegen einen Russen wegen in Deutschland — nicht in Rußland — begangener Verletzungen des Rechtes an der Melodie in Deutschland strafrechtlich vorgehen (§§ 3 und 4 StGB.). In Rußland kann dagegen ein Deutscher gegen einen russischen Staatsangehörigen nur vorgehen, wenn es sich um ein in Rußland hergestelltes unerlaubtes Arrangement handelt und wenn der Deutsche, etwa als Musikalienverleger, Rechtsnachfolger eines russischen Komponisten geworden ist (§§ 32, 4, 42, 43 des russischen Autorgesetzes). Wegen in Rußland begangener Rechtsverletzungen ist schließlich unter Umständen noch die zivilrechtliche Unterlassungsklage aus § 1004 BGB. gegeben.

Was endlich die internationale Rechtsverfolgung in den Niederlanden, in Portugal und in den Balkanländern angeht, so kann eine solche durch einen Deutschen in diesen Ländern nicht stattfinden. Das Urheberrecht dieser Staatsgebiete dehnt seinen Schutz ebenfalls nicht auf ausländische Werke der Literatur und Tonkunst aus[31]). In Deutschland geschieht auch hier die Rechtsverfolgung nach deutschen Rechtssätzen. —

Bei der Rechtsverfolgung unter den Verbandsstaaten der RevBÜ. kommen noch ergänzend in Betracht die Art. 5, 6, 7 RevBÜ. Art. 5 sagt, daß die einem der Verbandsländer angehörigen Urheber, die ihre Werke zum ersten Male in einem anderen Verbandslande veröffentlichen, in diesem

---

[31]) Vergl. Röthlisberger, Gesetze über das Urheberrecht 169, 197, 263, 203, 104.

letzteren Lande die gleichen Rechte wie die inländischen Urheber genießen. Nach Art. 6 genießen die keinem der Verbandsländer angehörigen Urheber, welche ihre Werke zum ersten Male in einem dieser Länder veröffentlichen, in diesem Lande den gleichen Schutz wie die inländischen Urheber und in den anderen Verbandsländern diejenigen Rechte, welche diese Übereinkunft gewährt. Art. 7 setzt dann die Schutzfrist auf 50 Jahre nach dem Tode des Urhebers fest. Er überläßt es aber der inneren Gesetzgebung jedes Verbandslandes, kürzere oder längere Schutzfristen festzusetzen. Ist das der Fall, so richtet sich die Dauer des Schutzes nach dem Lande, in dem der Schutz beansprucht wird; sie kann aber die in dem Ursprungslande festgesetzte Dauer nicht überschreiten. In den Ländern mit längerer Dauer der Schutzfrist erlischt also der Schutz schon in dem Zeitpunkt, in dem das Werk der Tonkunst in dem Lande seiner ersten Veröffentlichung gemeinfrei wird[32]). Da das deutsche Urheberrechtsgesetz die 30jährige Schutzfrist beibehalten hat, kann demnach ein Deutscher in Frankreich Verletzungen des Rechtes an der Melodie nur verfolgen, wenn sie innerhalb 30 Jahren — nicht aber innerhalb 50 Jahren — nach dem Tode des Komponisten der Melodie begangen sind. Umgekehrt kann auch ein Franzose in Deutschland Verletzungen des Rechtes an der Melodie nur verfolgen, wenn sie innerhalb 30 Jahren nach dem Tode des Komponisten begangen sind, trotzdem die Melodie in Frankreich 50 Jahre geschützt ist.

Von den Verbandsstaaten der RevBÜ. haben nun die fünfzigjährige Schutzfrist: Belgien, Dänemark, Frankreich, Norwegen, Schweden, Tunis; achtzig Jahre Schutzfrist hat Spanien; dreißig Jahre: Deutschland und die Schweiz. Eigenartige Berechnungen haben England und Italien. In England dauert der Schutz bis 7 Jahre nach dem Tode oder bis 42 Jahre nach der ersten Veröffentlichung, je nachdem die eine oder die andere Frist länger ist. Italien kennt als erste Schutzperiode 40 Jahre oder das Leben des Komponisten,

---

[32]) So: Daude, Kommentar 214, Bemerkungen zu § 7 RevBÜ.

je nachdem die eine oder andere Frist länger ist; als zweite Schutzperiode kennt es weitere 40 Jahre; hier besteht Wiedergabefreiheit gegen Bezahlung einer Abgabe von 5 % des Ladenpreises. Die bevorstehende Neuregelung des Italienischen Urheberrechts wird voraussichtlich die 50 jährige Schutzfrist einführen. Österreich und Ungarn kennen je eine Schutzfrist von 30 Jahren nach dem Tode; Amerika schützt das Werk bis 28 Jahre vom Tage der ersten Veröffentlichung; diese Frist kann aber durch Stellung eines dahingehenden Antrages seitens des Berechtigten um weitere 28 Jahre verlängert werden.

Die Rechtsbehelfe selbst in den einzelnen Urheberrechtsgesetzgebungen der vorerwähnten Staaten sind im wesentlichen die gleichen wie in unserer Urheberrechtsgesetzgebung und auch ihre Durchführung gestaltet sich ähnlich der unsrigen. —

Ein Vergleich, wie der deutsche Komponist gegenüber dem ausländischen Komponisten bei der internationalen Rechtsverfolgung gestellt ist, ergibt nach alledem die betrübliche Tatsache, daß unsere Komponisten denen anderer Staaten erheblich nachstehen. Ausgenommen in Frankreich, Belgien, Luxemburg, Spanien und Tunis ist eine Rechtsverfolgung seitens eines Deutschen wegen Verletzungen des Rechtes an der Melodie überhaupt nicht möglich. Dagegen genießen sämtliche ausländische Komponisten bei uns vollen Schutz bei Verletzungen des Rechtes an der Melodie in Deutschland und dieser Schutz wird ihnen in der einfachsten Weise gewährt, indem irgendwelche Bedingungen und Förmlichkeiten zur Wahrung der Rechte nach deutschem Recht nicht zu erfüllen sind. Allerdings ergibt sich daraus für den deutschen Richter die große Erleichterung, daß er bei der Rechtsverfolgung nicht die Erfüllung der im Ursprungslande vorgeschriebenen Bedingungen und Förmlichkeiten zuvor nachzuprüfen hat. Will außerdem ein Deutscher in Amerika oder Ungarn wegen unzulässigen Arrangements den Rechtsweg beschreiten, so muß er dort zur Ausübung seiner Rechte gewisse Bedingungen und Förmlichkeiten erfüllen, die umgekehrt ein amerikanischer oder ungarischer Staatsbürger in Deutschland nicht zu erfüllen hat.

Diesem unleidigen Rechtszustande abzuhelfen, wird eine der Aufgaben künftiger internationaler Regelung des Urheberrechts sein, anderenfalls hat die Zusicherung der Meistbegünstigungsklausel für unsere Komponisten und Verleger wenig Zweck, denn den ganzen Vorteil haben nur die Komponisten und die Verleger der übrigen Vertragsstaaten.

FSC
www.fsc.org
MIX
Papier | Fördert gute Waldnutzung
FSC® C083411

Kolibri 360 GmbH
Ferdinand-Jühlke-Straße 7
99095 Erfurt, Deutschland
produktsicherheit@kolibri360.de

Druck:
CPI Druckdienstleistungen GmbH
im Auftrag der
Kolibri 360 GmbH
Ferdinand-Jühlke-Str. 7
99095 Erfurt